国語科授業サポートBOOKS

教師1年目から使える！

国語授業アイテム＆ゲーム100

八巻 哲也 著

明治図書

はじめに

子どもはゲームが大好きです。

教職について間もない頃，毎日ある国語の授業に自信を失いかけていました。教科書をなぞるだけのつまらない授業。退屈そうな子どもたちの表情。時計ばかりを見つめる子どもの目線。欠伸……。今でも忘れられません。

そんな時，先輩の先生に漢字ビンゴを教えていただきました。誰もが知っているビンゴの要素に漢字指導を掛け合わせた単純明快なゲームです。半信半疑，ビンゴ用紙をコピーして，教室に持ち込みました。すると，「ビンゴ」の一言で数名から歓声が上がり，子どもの表情が明るくなり，目の色が変わりました。ビンゴが進むにつれ，教室は熱狂の渦に包まれました。国語ゲームのおもしろさに気づいた瞬間でした。

それ以来，国語の学習にゲームや遊びの要素をもっと取り入れることはできないか，試行錯誤を始めました。国語ゲームの引き出しが増えるにつれて，「国語が好き！」「国語が楽しい！」という子どもが，少しずつですが増えていきました。

ゲームの要素を授業に取り入れることでよいことがたくさんあります。

- 友達と関わりながら学習することで協働的な学びの素地となる雰囲気づくりができる
- 楽しみながら国語の学力を伸ばすことができる
- 続けていくと「楽しい」が「好き」に変わり，子どもの学習意欲を高めることができる
- 児童相互の人間関係がよくなる

この他にも様々なメリットが考えられます。

本書では，国語ゲームを100集めました。そして，100種類すべてのゲームに人と人との「関わり」が生まれるように工夫しました。国語学力の向上だけでなく，学級そのものの高まりも期待できます。また，内容を話す・聞く，書く，読む，ことば，漢字（言語文化）と５つの章で構成することで，すべての領域の実践を網羅できるようにしました。

そのため，本書はどこからでも読める辞典のような活用方法も可能です。

毎日ある国語の授業を楽しくしたい。日々現場で奮闘する，多くの先生方が考えていることではないでしょうか。わたしもその中の一人です。「国語が好き！」「国語が楽しい！」という子をどのように育てていくか。本書がその一助になれば幸いです。

それでは，ワクワクする国語ゲームを子どもたちと共に進めてまいりましょう！

2025年１月

八巻哲也

本書の特長と使い方

1　協働的に学ぶ環境をつくる「協力型」ゲームとその種類

○協働的につくる＆協働的に解き合う

本書のすべてのゲームに児童相互の「関わり」「協力」を取り入れています。関わり，協力の場面は２つあります。１つ目は，準備の段階です。カードを作成したり，マス目を埋めていったりする活動での協力です。２つ目は，解き合う段階です。自分たちで準備をしたアイテムを活用し，協力，競争を楽しみます。協力した結果，楽しかったという経験が授業での協働へ自然とつながっていきます。100のゲームは以下のように概ね分類することができます。

クイズ型	自分が書いた文章やマスを埋めた用紙がそのまま問題になります。
お題(テーマ)型	お題にぴったり合った漢字や文章，俳句等を関わり合いながら書いていきます。
カードゲーム型	トランプの要領で様々なゲームを楽しむことができます。山札を作ってカードを引いていくほか，神経衰弱やババ抜きの要領で進めていきます。
ビンゴ型	言わずもがな定番のビンゴを活用したゲームです。
間違い探し型	クイズ型と同様，子ども自身が書いた文章や漢字の間違い探しをさせます。
インタビュー型	友達とのインタビューを通して関わりを生みます。
読み取り聞き取り型	読み取った物語文や説明文を生かして交流します。また，聞き取った音声をもとに進めていきます。
すごろく型	サイコロを振って出た目の数を進んでいくことをもとにしています。
その他	完成されたワークシートを使って進めていきます。

○協働的に学ぶ環境をつくるルールの工夫

❶時間・回数の工夫

・○分以内に何個見つけることができるか。
・10ポイントを５分以内で獲得する。　など

❷人数・メンバーの工夫

・ペアで行う，班で行う，号車ごとに行う，全員で行う。
・○人以上の友達と関わる，同じ人（違う人）を探す，普段あまり話さない人と組む。　など

❸場所の工夫

・机に座る，もしくは教室の中を歩き回る。
・子どもが黒板を活用する。　など

上記の分類表と３つの視点を組み合わせれば，ルールのアレンジは様々に可能です。

2 「協力型」ゲームの取り入れ方

ゲームには５分程度で取り組めるものから45分かけて行うものまであります。

また，対象学年の目安として「低・中・高」を示していますので，学級の実態に応じて活用してください。

○ゲームを行う場面・時間

❶授業の導入，単元の導入の場面

その日の授業や単元に関連して，ウォーミングアップのように取り組むことができます。単元によっては一定期間授業の導入５分を帯で活動することも考えられます。

❷朝学習の時間

朝の時間に取り入れることもできます。学級だけでなく，学年，学校で年間を通じて取り組めるものも少なくありません。

❸授業の隙間時間

授業が５分間早く終わった時や，発育測定から教室に戻ってきた残りの10分間等を効果的に活用することができます。

❹学級開き，学期はじめや学期終わり

学級開きで活用できるゲームも多数あります。また，長期休業後は子どもの生活リズムも乱れがちです。学習へのアイドリングとしても最適です。

その他に，学期終わりの教科書内容をすべて終えた時期にも，手持ち無沙汰にならずに学習を進めることができます。

❺月曜日の朝（特に連休明け）

長期休業後と同様に，月曜日も子どものエンジンがなかなかかかりにくくなっています。ゲームという要素を入れるだけで，楽しい雰囲気で一日を始めることができます。

❻家庭学習とのつながり

マス目を使って文章を書く活動等は，家庭学習で書いてきたものを使って朝の会でゲーム化するといった展開も可能です。

❼ゲームの要素で授業全体を組み立てる

１時間丸ごと取り組めるゲームも収録されています。準備→解き合う→感想交流等とじっくりと取り組みたい場合に有効です。

○ゲームの効果を最大限に引き出す５つの秘訣

❶例示し，説明は短くする

長い説明を子どもは聞いていません。一文にだらだらと情報を詰め込むのではなく，「。」をたくさん使い，端的に説明をします。

ルールはシンプルが一番です。ややこしい説明は「ゲーム」という言葉で盛り上がった子どもの心をくじいてしまいます。説明が長くなる場合は，子ども同士や教師と子どもの実演で補うようにします。

❷主体的に関わっている子を褒める

ゲームを進めていくと，積極的に関わることができる子，そうでない子が出てきます。どんな学級でも多かれ少なかれ消極的な参加態度の人はいます。

このような場合は積極的に関わっている子をピックアップして褒めていきます。全体の場で，「普段あまり話さない子と関わることができた人は手を挙げます」「〇人以上とコミュニケーションできた人は立ってください」等，確認することも褒めることにつながります。

❸協働の意味に気づかせる

特に高学年には関わる意味を語るようにします。多くの人と関わることにどのような価値があるのか。高学年の児童は納得感がないとなかなか動こうとしないものです。実態に応じて以下のような話をすることも大切です。

「学校で学習することの大きな意味は，多くの人と関わることができることにあると考えます。では，関わることはなぜ必要なのか。近くの人と意見交換してみてください（その後，数名に発表してもらい子どもの言葉で価値づけをします）」

❹実態に応じてルールを変える

本書で扱っているルールはあくまで一つの例です。回数，時間，人数等，学級の実態に応じて様々に変化させて取り組んでください。

特に勝ち負けにこだわる子どもや負けると癇癪を起こす子どもがいる場合は，ルールの変更が必要です。勝ち負けをつけるのではなく，「２人で協力して10回できたら中学生レベル！」などと，目標を変更させましょう。雰囲気が悪くなっては本末転倒です。

❺タブレットもいいけど，基本は紙で活動する

タブレットが導入されて数年が経ち，タブレットを活用した様々な授業実践に触れる機会が本当に多くなってきました。しかし，紙を使ってアナログで取り組むよさを忘れてはいけません。アナログの一番のよさは相手との距離だと考えます。１枚の紙に顔を寄せ合って「ああでもない，こうでもない」と言葉を交わす体験は人間として忘れてはいけない大切な習慣なのではないでしょうか。

＊本書の特典（アイテムデータ）は右記の QR コード，または下記の URL より無料でダウンロードできます。

URL：https://meijitosho.co.jp/477821#supportinfo

ユーザー名：477821　　パスワード：kokugogame100

Contents

Chapter
2 書くことのアイテム&ゲーム

Chapter

3 読むことのアイテム＆ゲーム

Chapter 4 ことばの学習のアイテム＆ゲーム ………… 067

Chapter

5 漢字（言語文化）学習のアイテム＆ゲーム ……… 099

コラム

Chapter 1

話すこと・聞くことの アイテム＆ゲーム

対象：低・中・高　時間：10分　準備：なし

質問キャッチボール
—友達の興味を深掘りせよ—

ゲームの紹介

友達に次々に質問をして話を深掘りしていくゲームです。相手の興味があることをスタートにして行います。ペアで行ってもよいですが，グループになって１人に多人数が質問すると，さらに学習が深まります。

進め方

①「質問キャッチボールです。ボールを何度も投げたり取ったりするとキャッチボールは上手になりますね。質問も同じです」（１人を指名する）
②「Aさんに質問をします。いま，一番興味があること，楽しいことは何ですか？」（質問＆答えの手本を見せる。Q１は共通の質問とする）

〈例〉
Q１　Aさんに質問です。いま，一番興味があること，楽しいことは何ですか？
　A　ダンスです。
Q２　ダンスのどんなところが好きですか？
　A　音楽に合わせて体を動かすところです。
Q３　いつからダンスをやっているのですか？
　A　５歳の頃からです。
Q４　なぜ，ダンスを始めたのですか？
　A　姉がダンスを習っていてわたしもやってみようと思いました。　（以下質問が続く）

③「このようなキャッチボールを隣の人とやります。まずは，廊下側に座っている人が質問をする人です。何回質問できたか数えておきます。はじめ！」
④（３分後）「回数を確認します。５回，６回……前半戦は○○チームが一番でした。役割を交代して後半戦です。ヨーイ，はじめ！」

３分後，再度回数を確認し，多く質問ができたチームに拍手を送ります。コツを発表してもらい，よさを共有するとさらに学びが深まります。

対象：低・中・高　時間：45分　準備：インタビューシート

2 ○○さんの魅力を伝えよう！ おとなり紹介スピーチ

アイテム&ゲームの紹介

おとなりの友達の紹介をするスピーチです。様々な情報を聞き出し，原稿をまとめていきます。情報を取捨選択することで要約する力も高めていくことができます。新学期すぐではなく，ある程度お互いのことを知り始めたＧＷ明け頃に実践されることをおすすめします。

進め方

①「４月に皆さんにしてもらった自己紹介。今日はおとなりの人の紹介をしてもらいます」

②「インタビューシートをもとに隣の友達についてたくさんの情報を集めます」

どの質問をするかを決め，☑をつけさせます。新たに質問項目を考えてもよいと伝えます。

③「相手のことがよく伝わるように内容を考えます。原稿が仕上がったら発表練習をします」

集めた情報を整理してスピーチの原稿を考えさせます。いきなりでは書けない子もいます。情報集めが終わった時点で，教師が例示をして全員で原稿の書き方を確認します。

④「発表会をします！」

全員の前で発表となると時間がかかります。机の配置を工夫して，グループに分かれて発表会をさせると時間をかけずに全員が話すことができます。

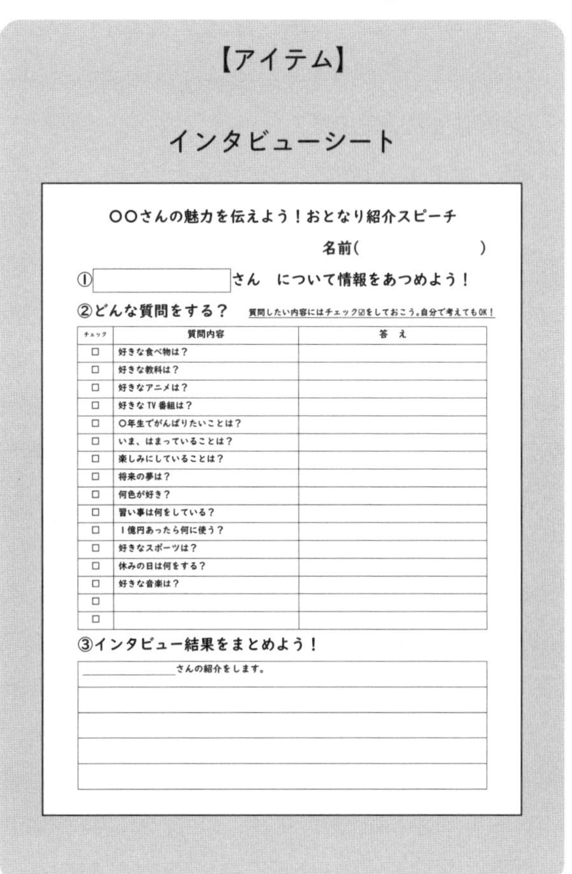

【アイテム】

インタビューシート

○○さんの魅力を伝えよう！おとなり紹介スピーチ

名前(　　　　　　　)

①［　　　　　］さん　について情報をあつめよう！

②どんな質問をする？　質問したい内容にはチェック☑をしておこう。自分で考えてもOK！

チェック	質問内容	答　え
□	好きな食べ物は？	
□	好きな教科は？	
□	好きなアニメは？	
□	好きな TV 番組は？	
□	○年生でがんばりたいことは？	
□	いま、はまっていることは？	
□	楽しみにしていることは？	
□	将来の夢は？	
□	何色が好き？	
□	習い事は何をしている？	
□	１億円あったら何に使う？	
□	好きなスポーツは？	
□	休みの日は何をする？	
□	好きな音楽は？	
□		
□		

③インタビュー結果をまとめよう！

＿＿＿＿＿＿さんの紹介をします。

対象：低・中・高　時間：30分　準備：画用紙（ミニホワイトボードを班で１つ）

3 おもしろ商品開発会議

ゲームの紹介

新商品の開発チームになったつもりでお客さんの要望に沿った架空の商品を考えるゲームです。食べ盛りの子どもに向けた新作おにぎり，暑い日に大満足の新作アイス，運動会で大活躍する靴……など，様々な設定を用意して商品のプランを画用紙やミニホワイトボードにまとめさせます。最後に一番買いたい商品に手を挙げさせてNo.1を決めます。

進め方

①「おもしろ商品開発会議をします。いまから皆さんに新商品を開発するチームになってもらい，お客さんの声に応じた商品を設計してもらいます」

〈お客さんの声の例〉
「暑い夏でも快適なスーツを開発してください！」　どんなスーツを作る？
「子どものために，字が上手になる鉛筆を開発してください！」　どんな鉛筆を作る？
「すぐにボール投げが上手になるボールを開発してください！」　どんなボールを作る？
「頭がよくなる国語辞典を開発してください！」　どんな辞書を作る？
「幼児から大人まで楽しめる遊園地を開発してください！」どんな遊園地を作る？

②「グループで意見を出し合って，商品を開発してもらいます。イラストを入れて，画用紙にまとめていきます。商品名も，『ほしい！』と思わせるものにしましょう。制限時間は５分です。時間になったら途中でも会議をやめてプレゼンします。グループで発表者を１人決めます」
時間は実態に応じて調整します。
③（５分後）「そこまで！　これからプレゼンタイムに入ります。１班から順に商品の説明をしてください」
④「すべての班の商品説明が終わりました。この中から，お客さんの声に一番合った商品はどれか手を挙げて決めます。１人２回手を挙げることができます。No.1は，○班の△△です！」

対象：低・中・高　時間：10分　準備：タイマー

4　AかBか？選ぶならどっち？

ゲームの紹介

お題を設定し，AとBのどちらを選ぶかを話し合うゲームです。話し合いをするグループ，話し合いを聞くグループに分かれて行います。「飼うなら犬がいいか猫がいいか」「夏休みに行くなら海がいいか山がいいか」等，身近な話題で話し合いをします。聞いているグループはどちらの意見により説得力があったかを判定します。

進め方

①「飼うなら犬がいいか？猫がいいか？話し合いをします。隣に座っている人は仲間です。話し合いを聞くグループはどちらの意見により説得力があったかを判定してもらいます」

２択で話し合える話題を提示します。子どもに出させてもよいですが，はじめのうちは教師が提示します。

②「まずは，どちら派かを決めます。じゃんけんをして勝ったチームが犬か猫かを選ぶことができます。どちら側からでも意見が言える人が本当に話し上手な人です」

〈例〉

犬	犬
猫	猫

２班

１班が話し合いをしている様子を２班が聞く。
（３班が話し合いをしている様子を４班が……という具合）
↓
１班の話し合いが終わったら役割を交代する。
２班が話し合い，１班が聞き役になる。

③「まずは，相談タイムです。おとなりの人と理由を考えます」（２分程度時間をとる）

④「それでは，話し合いを始めます。時間は３分です。はじめ！」

タイマーを使い，残り時間が見えるようにします。

⑤「やめ！　判定に移ります。話し合いを聞いていた班はどちらの意見により説得力があったかを決めます。……勝敗を発表してください！　勝ったペアに拍手をしましょう」

対象：低・中・高　時間：20分　準備：ビンゴ用紙

5 自己紹介ビンゴ

アイテム＆ゲームの紹介

学級開きにも使えるゲームです。教室を歩き回り，ビンゴに書かれた内容と共通点のある友達を探します。楽しい雰囲気で自然と関わりが生まれます。「共通点がある！」ということがお互いに人間関係をグッと近づけ，協働的な授業につながります。

進め方

①「自己紹介ビンゴをします。質問の答えを（　　　）の中に書きます。□の中はまだ空けておきます。５は質問を自分で考えます」

②（全員が書き終えたら）「ペアでじゃんけんをします。勝った人は番号を１つ選んで質問できます」

T：わたしの名前は八巻哲也です。好きな色は青です。あなたの好きな色は何ですか？

C：わたしの名前は東山花子です。わたしも好きな色は青です！

同じ答えがあったら「共通〜イエーイ!!」と言ってハイタッチを，なかったら「よろしくね！」と言って握手をします。お互いに１つずつ話したら次の人に質問します。

③「共通点のある友達の名前は□の中に書きます。目指せ全ビンゴ！」

④「共通点のある友達を何人見つけられましたか？　１人，２人……９人！」（拍手をする）

【アイテム】

ビンゴ用紙

仲間を探せ！自己紹介ビンゴ！

名前＿＿＿＿＿＿＿＿

❶（　）の中に答えを書きます。５は自分で質問も考えて答えます。

１　好きな色は？ （　　　） □	２　好きな食べ物？ （　　　） □	３　好きな教科は？ （　　　） □
４　好きな遊びは？ （　　　） □	５＿＿＿＿＿ （　　　） □	６　好きなアニメは？ （　　　） □
７　好きな飲み物は？ （　　　） □	８　好きな動物は？ （　　　） □	９　好きな場所は？ （　　　） □

❷友達と聞き合って、同じマスがあったら□の中に名前を書きます。

（※１回に質問できるのは１つまでです！）

❸自分との共通点がいくつみつかるでしょうか？！

対象：低・中・高　時間：10分　準備：ワークシート

対話で増やせ！
３文字ワードゲーム！

アイテム&ゲームの紹介

アイス，あんこ，あくび等，同じ仮名から始まる３文字の言葉をたくさん集めるゲームです。まずは１人で探させます。１人で出尽くしたら次は２人で，４人で……と人数を増やしていきます。友達と協力すると新たな発見があることを体感させます。

進め方

①「３文字ワードゲームです。“あ”のつく３文字の言葉をたくさん集めます。時間は３分です。（３分後）１つの言葉につき１ポイントとしてカウントします」

②「自分が考えた言葉を隣の人に伝えます。自分が思いつかなかった言葉があったら追加でメモをしておきます」

追加のメモはワークシートの「２人で」の欄に書き込ませます。

③「次に班で発表をします。新しい言葉はメモをしておきます」

ワークシートの「４人で」の欄に書き込ませます。

④「最後に３文字ワードをいくつ見つけることができたか数えます。ワークシートの右下に得点を書いておきます」

これが班の得点になります。

⑤「得点を発表します。１班，２班，３班……優勝は○班です！」

【アイテム】

ワークシート

３文字ワードゲーム

名前(　　　　　　　　)

お題：「＿＿」で始まる３文字の言葉

※「　」の中には平仮名１文字が入ります。

やり方

決められた平仮名で始まる、３文字の言葉をたくさん集めます。
集める言葉は、名前を表す言葉だけです。(ただし、人の名前は使いません。)
例) あ…アイス、あくび、あらし　い…インコ、イルカ、いもの　等

１人で

２人で　※新しくふえた言葉を書いておきます。

４人で　※新しく増えた言葉を書いておきます。

合計得点＿＿＿＿ポイント

対象：低・中・高　時間：15分　準備：すごろく用紙，サイコロ，駒（消しゴムなど）

 コミュニケーションすごろく

アイテム＆ゲームの紹介

すごろくを使った，話す・聞くゲームです。サイコロを振って，出た目のマスにあるお題を話していきます。低学年用と高学年用に分かれているので実態に応じて選択します。発展型として，班で相談してマス目のお題を考えさせる活動を入れてもおもしろいです。その際は「友達がいやな思いをしない話題」「みんなが答えられる話題」等，留意点もきちんと伝えます。

進め方

①机を班の形にして，サイコロ１つとすごろく用紙を１枚配付します。消しゴムは駒として１人に１つ用意させます。マス目の中に書かれたお題を順番に確認しておきます。
②「サイコロを振って，出た目の数だけ矢印の方向に進みます。進んだ先のお題について発表します。忘れないように消しゴムはそのマスに置いておきます」
③「２人目が同じようにサイコロを振って進み，お題について発表します」
④「これを繰り返していきます。時間内にグルグルと何周もできるとよいですね」
（10分程度取り組ませる）
⑤「すごろくをした感想を発表します。発表してくれる人はいますか？」

【アイテム】

すごろく用紙（低学年用）

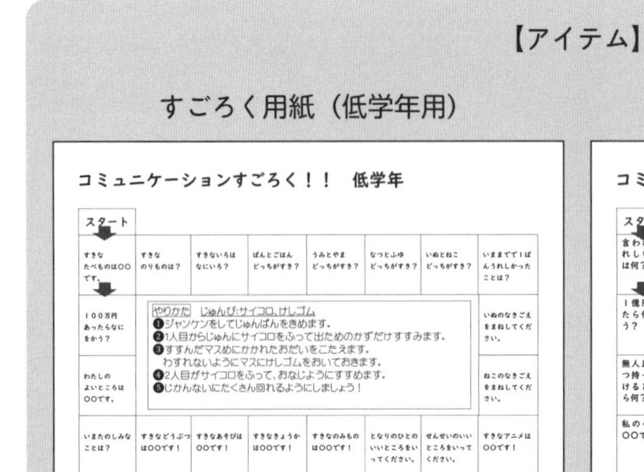

コミュニケーションすごろく！！　低学年

スタート
すきなたべものは○○です。
すきなのりものは？
すきないろはなにいろ？
ぱんとごはんどっちがすき？
うみとやまどっちがすき？
なつとふゆどっちがすき？
いぬとねこどっちがすき？
いままでで１ばんうれしかったことは？
１００万円あったらなにをかう？
いぬのなきごえをまねしてください。
わたしのよいところは○○です。
ねこのなきごえをまねしてください。
いまたのしみなことは？
すきなどうぶつは○○です！
すきなあそびは○○です！
すきなきょうかは○○です！
すきなのみものは○○です！
となりのひとのいいところをいってください。
せんせいのいいところをいってください。
すきなアニメは○○です！

やりかた　じゅんび：サイコロ、けしゴム
❶ジャンケンをしてじゅんばんをきめます。
❷1人目からじゅんにサイコロをふって出ためのかずだけすすみます。
❸すすんだマスめにかかれたおだいをこたえます。
わすれないようにマスにけしゴムをおいておきます。
❹2人目がサイコロをふって、おなじようにすすめます。
❺じかんないにたくさん回れるようにしましょう！

すごろく用紙（高学年用）

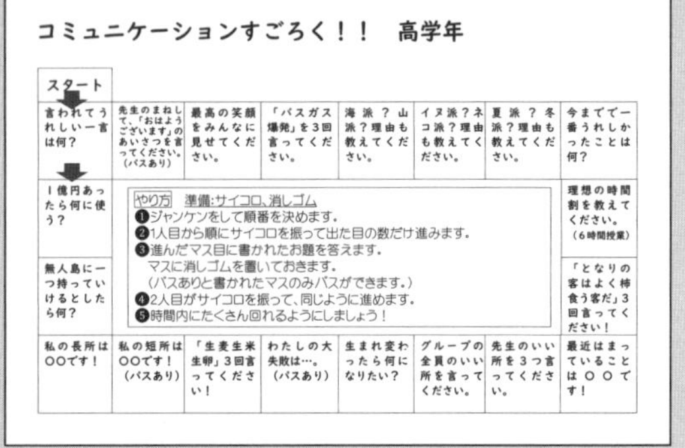

コミュニケーションすごろく！！　高学年

スタート
言われてうれしい一言は何？
先生のまねして、「おはようございます」のあいさつを言ってください。（パスあり）
最高の笑顔をみんなに見せてください。
「バスガス爆発」を３回言ってください。
海派？山派？理由も教えてください。
イヌ派？ネコ派？理由も教えてください。
夏派？冬派？理由も教えてください。
今までで一番うれしかったことは何？
１億円あったら何に使う？
理想の時間割を教えてください。（６時間授業）
無人島に一つ持っていけるとしたら何？
「となりの客はよく柿食う客だ」３回言ってください！
私の長所は○○です！
私の短所は○○です！（パスあり）
「生麦生米生卵」３回言ってください！
わたしの大失敗は…。（パスあり）
生まれ変わったら何になりたい？
グループの全員のいい所を言ってください。
先生のいい所を３つ言ってください。
最近はまっていることは○○です！

やり方　準備：サイコロ、消しゴム
❶ジャンケンをして順番を決めます。
❷1人目から順にサイコロを振って出た目の数だけ進みます。
❸進んだマス目に書かれたお題を答えます。
マスに消しゴムを置いておきます。
（パスありと書かれたマスのみパスができます。）
❹2人目がサイコロを振って、同じように進めます。
❺時間内にたくさん回れるようにしましょう！

対象：低・中・高　時間：５分　準備：なし

「あ」選手権

ゲームの紹介

様々なシチュエーションの「あ」を言っていくゲームです。「道にお金が落ちていた！」「巨大隕石が落ちてきた！」等，教師が様々な場面を指定して，子どもは「あ」だけを言っていきます。表現する力のトレーニングになります。また一文字だけ言えばよいのでとても取り組みやすい活動です。最後は子どもに場面を考えさせて，それに合った「あ」を誰が一番うまく言えるかを競わせます。今回は「あ」ですが，「え」「お」や「ん」で行ってもよいです。

進め方

①「“あ”選手権をします。お題に合わせてみんなは“あ”だけで表現します」
②「道にお金が落ちていた時の“あ”」(「あ！」)

〈場面の例〉
・お金が落ちていた。(１円，５円，10円，100円，1000円，１万円！)
・○○に出会った。(かわいい子猫，大谷翔平選手，ドラえもん，ゴジラ！)
・○○を家に忘れた。(鉛筆，絵具セット，水筒，お弁当！)
・○○を思い出した。(好きなテレビ番組を見逃した，友達を30分も待たせている！)

③「他にどんな場面が考えられますか。おとなりさんと相談します」
④「場面が思い浮かんだ人は，発表します」

「遠足のお弁当を家に置き忘れた！」と発表したＡさんがいたとします。「いまのＡさんの場面の“あ”に挑戦する人？」と言わせて，挙手で誰が一番ぴったりだったかを決めます。

③と④は学級の雰囲気がよくなってきた頃に行うのをおすすめします。

〈その他の選手権の例〉
「え」選手権……テストで分からない問題があった。(１問，２問，５問，全部！)
「お」選手権……誕生日プレゼントをもらった。(１つ，２つ，５つ，10！)

対象：中・高　時間：15分　準備：なし

うそ自己紹介!? 君にうそが見破れるか

ゲームの紹介

自分の好きなものの中に，１つだけうそを混ぜて見破られないようにするゲームです。グループでお互いに質問をしながら，どれがうそかを探っていきます。質問をする場面があるので「話すこと・聞くこと」のトレーニングにも最適です。

進め方

①「うそ自己紹介をします。３つの好きな食べ物の中に１つだけうその情報を入れます」
　教師が例示し，質問を受け付けてどれが嫌いな食べ物か当てさせます。

〈例〉 わたしの好きな食べ物は，・納豆（うそ……本当は大嫌い）
・ラーメン
・寿司　です。

②「グループ（４人程度）の１人目から順に自己紹介を発表し，聞いている人は質問を１人１つ考えます」
③発表者は質問に答えていきます。聞いている人はどれが「うそ」なのか予想します。全員が予想できたところで相談し，「あなたのうそは○○ですね！」と発表者に尋ねます。

〈例〉 好きな食べ物は，
・ピザ
・豆腐（うそ）
・バナナ
です。

Q　どのピザが一番好きですか？
→シーフードピザです。
Q　どんな豆腐料理が好きですか？
→え～と，そのまま食べます……。
Q　バナナは週に何回食べますか？
→毎朝食べます！

④見事にうそを見破ることができたら成功です。同様に，残りのメンバーの自己紹介も進めていきます。

対象：中・高　時間：10分　準備：ノート

10 かぶりなし連想ゲーム
―グループで別の言葉を思い描け！―

ゲームの紹介

友達がお題に対して，何を思い浮かべているのかを推理するゲームです。見事にグループの全員が別々の言葉を言うことができたら成功です。話を聞く力を鍛えることができます。お題を変えて隙間時間に取り組めば，聞く力が飛躍的に伸びていきます。

進め方

①「いまから先生がお題を出します。お題に沿って，グループの全員が別々の言葉を思い描くことができたら成功です。まずは，お題に合った言葉を１人でたくさん思い浮かべます」（ノートに書かせてもよい）

〈例〉 夏の食べ物といえば何？
・すいか　・そうめん　・かき氷　・冷やし中華　・アイス　・とうもろこし……

②「話す順番を決めます。１番目の人から順に思い浮かべた言葉のヒントを３つ話してもらいます。先生は“かき氷”を思い浮かべています。『①氷を使って作ります。②シロップをかけて食べます。③お祭りの屋台でよく見かけます』と話します」
③「次の人は，前の人が思い浮かべた食べ物と別のものを考え，３つヒントを出します」
最後の人は，前の人が言ったものとは別のものを連想しなければいけないので難易度が上がります。メモはしてもよいことを伝えます。
④（全員が話を終えたら）「全員が別々の言葉になるようにノートに言葉を書きます」
⑤「１番目の人から順に発表します。かぶらなければ，成功です」

〈テーマ例〉
・春といえば？（季節ごとに）　・お祭りの出店といえば？　・動物園で人気の動物は？
・学校行事といえば？　・子どもに人気のアニメといえば？　・おにぎりの具といえば？

対象：中・高　時間：10分　準備：なし

11　1分間インタビューゲーム

ゲームの紹介

質問する人／答える人／聞く人に分かれて，1分間でなるべくたくさんの情報を聞き出すゲームです。質問する力とそれに素早く答える力が高まります。また，やり取りを聞いている役割も置くことで聞く力も高めます。学級の雰囲気も一気に楽しくなります。

進め方

①1人（Aさん）を指名します。

「今からAさんに先生が質問をしていきます。みんなは1分間でいくつの質問ができたかを数えていてくださいね。Aさんは先生の質問に素早く答えていってくださいね」

T：好きな食べ物は何ですか？
Aさん：お寿司です。
T：お寿司で好きなネタは何ですか？
Aさん：サーモンです。
T：お寿司の他に好きな食べ物はありますか？
Aさん：ハンバーグです。
T：好きなスポーツは何ですか？　（以下質問が続く）

②「このように次々と質問をしていきます。周りで聞いている人は，いくつ質問ができたかを数えます。質問＆答えで1ポイントです」
③4人組で，①質問する人→②答える人→③④数える人をローテーションしていきます。
④「自分が何ポイント獲得したかを覚えていてくださいね。それでは，1人目いきます」
⑤（班の全員が質問役をしたら）「班で何ポイント獲得できたかを確認します。10ポイント以上，15ポイント以上……チャンピオンは○班でした！」
優勝した班に質問のコツを言わせて終わります。

対象：中・高　時間：20分　準備：市販テスト付録 CD（話す・聞くテスト），A4の紙

12 聞き取りメモ選手権

ゲームの紹介

どのようなメモのとり方がよいか活動を通して学んでいきます。市販テストに付属している CD を使います。当該学年よりも前の学年のデータも含まれている場合が多いのでそれを活用します。短い文章を読み聞かせてもよいです。友達のメモの仕方のよさを学ぶことができます。

進め方

①「聞き取りメモ選手権をします（A4の紙を1人に1枚配付する)。CD を聞いて，分かりやすくメモをしていきます」

②（音声 CD が終わったら）「いま書いたメモをグループで見せ合います。だれのメモの仕方が一番上手か，グループで No.1を決めます」

③「各グループの No.1の人にメモのポイントを解説してもらいます」
メモをもとに前に出て解説してもらいます。

④「どのグループの代表が一番上手か。クラス No.1を決めます。1人2回手を挙げます。1班がいいと思う人？　2班がいいと思う人？　3班……」

⑤「聞き取りメモをする時のポイントをまとめます。どのようにメモをするとよいですか。発表します」
出てきた意見は黒板で共有します。時間があれば別の音声で2回目を行います。

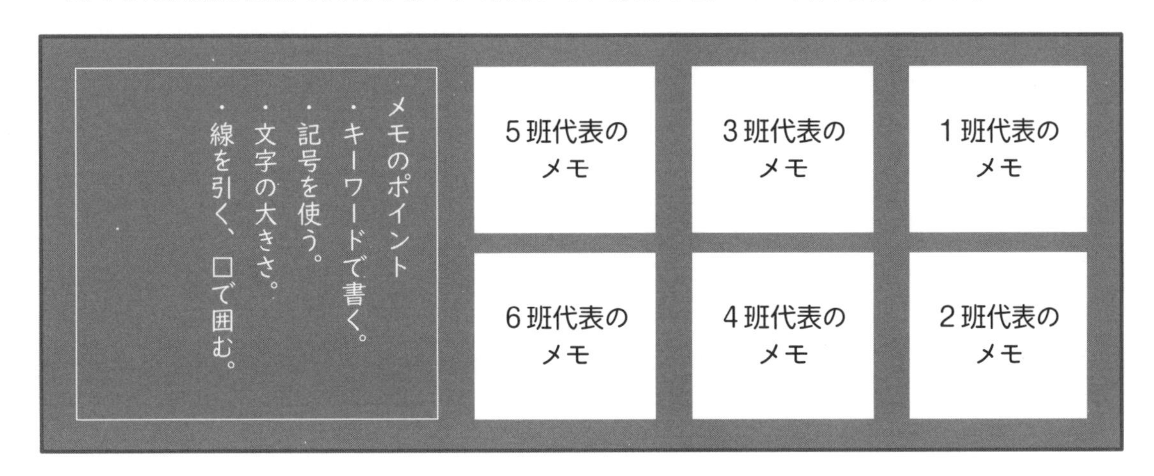

対象：中・高　時間：5分　準備：なし

13 足し算しりとり

ゲームの紹介

定番の“しりとり”も少しの工夫で一味ちがった話す・聞くゲームになります。前の人が言った言葉を付け足し，“足し算しりとり”とします。2対2で行い，先に言えなくなったペアの負けです（1対1で行っても盛り上がります）。

進め方

①「足し算しりとりです。前の人が言った言葉を足し算していきます」
2対2で行う様子を見せるために，4人を指名して全員の前でやってもらいます。
ペアで相談してもOKとします。5秒間，間が空いたら負けとします。

Aチーム：しりとり
Bチーム：しりとり→りんご
Aチーム：しりとり→りんご→ごりら
Bチーム：しりとり→りんご→ごりら→らっこ
Aチーム：しりとり→りんご→ごりら→……らっぱ！
T：残念！　Aチームアウトです！

②「このように最初に言えなくなったペアの負けです。どちらか1人が覚えていて，言えればOKです。なるべく長く続くように頑張りましょう！」
③足し算しりとりのその他のバリエーションは以下の通りです。

・1対1での対戦
・○秒間，間が空いたらアウト！
・協力して言葉を10個つなげよう！
・○文字限定

14 言わせたら勝ち！キーワードゲーム

ゲームの紹介

決めたキーワードを仲間に言わせたら勝ちのゲームです。２対２で行います。質問をする人が仲間の言葉をいかに引き出せるかがポイントです。聞いている２人はキーワードを分かっています。審判役をします。

進め方

①「キーワードゲームです。２対２で行います。質問する人が決めたキーワードをこっそりと相手チームに教えます」（実演するか黒板で説明をする）

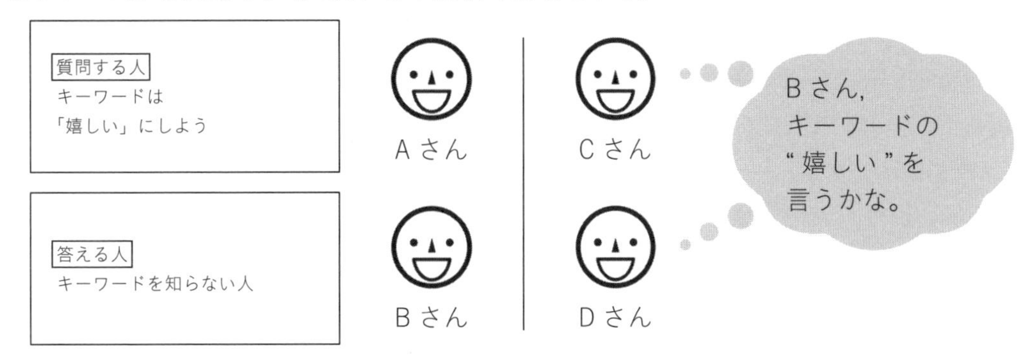

②「AさんとBさんは仲間です。CさんとDさんは仲間です。Aさんは決めたキーワードをBさんに言わせたらOKです。制限時間は１分です。はじめ！」

③「交代します。CさんはキーワードをDさんに言わせたらOKです。制限時間は１分です」

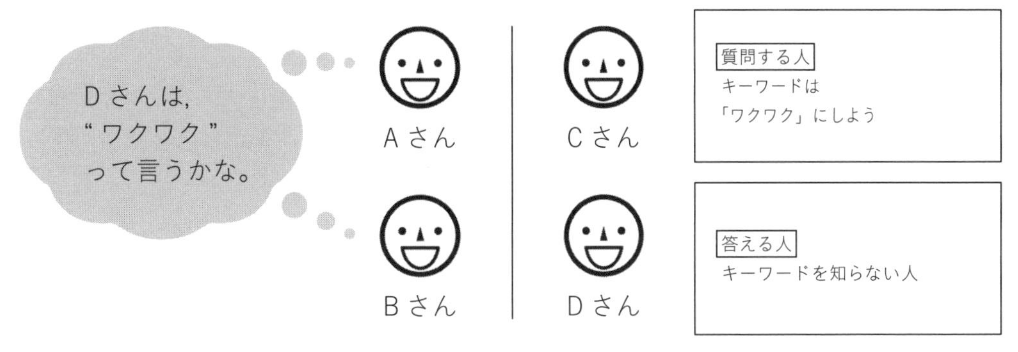

④これを何度か繰り返し，獲得ポイントが多いチームの勝ちです。

対象：中・高　時間：5分　準備：なし

15 やってみよう　いろいろ聞き方

ゲームの紹介

聞き手の態度を考える活動です。どのような聞き方をすると相手は嬉しいのか。プラスの聞き方，マイナスの聞き方，それぞれを子どもたちから出させて実演させます。その後，感想を交流します。言語化し，体験することで話の聞き方がグンとよくなっていきます。

進め方

①「自分が話をする時，どのように聞いてもらえたら嬉しいですか？　発表してください」

〈プラスの聞き方の例〉

話している人に体を向けて聞く／目を見て聞く／うなずきながら聞く／相槌を打ちながら聞く／にこやかな表情で聞く等，出た意見を板書します。

②「反対に，どのような聞き方をされたら嫌ですか？　発表します」

〈マイナスの聞き方の例〉

リアクションをしないで聞く／鉛筆をいじりながら聞く／顔を背けながら聞く／机に突っ伏して聞く／おしゃべりしながら聞く等，出た意見を板書します。

③「いまからおとなりの人と30秒間，最近あった出来事についてスピーチをしてもらいます。聞き手はまずマイナスの聞き方で聞きます。ゲームですから，わざと大げさにマイナスの聞き方で聞いてくださいね。話す人は辛くても30秒間，話を続けてください」

30秒経過したら，話し手と聞き手を入れ替えて行います。

④「マイナスの聞き方をされた時の感想を交流します（その後，数名が発表する）。次にプラスの聞き方をします。時間は30秒です」

⑤「プラスの聞き方をされた時の感想を交流します（数名に発表してもらう）。どのような聞き方が嬉しいですか。特に嬉しかったプラスの聞き方を発表します」

・わたしはうなずきながら聞いてもらうのが特に嬉しかったです。話をよく聞いてもらえているなあと感じました。

・目を見て聞いてもらうと自分の話に関心をもってもらえているようで嬉しかったです。

感想を言わせてプラスの聞き方を強化していきます。その後の授業でもプラスの聞き方をしている人を取り上げて積極的に褒めていきます。

対象：中・高　時間：10分　準備：なし

16 あなたのよさ伝えます 友達のよいところ見っけ！

ゲームの紹介

友達のよさを伝え合うゲームです。高学年になると，恥ずかしくて言いづらい人も出てきます。ポイント制でそのハードルを下げるのがねらいです。笑顔で言い合っていた班に「笑顔ポイント」，うなずいて聞いていた班に「うなずきポイント」等，ルールを工夫することで楽しい雰囲気を生み出します。楽しい雰囲気の中で行うのが最大のポイントです。

進め方

①「班の友達の“よいところ見っけゲーム”をします。１人によいところを１つ伝えて褒めるごとに１ポイント加算されていきます。合計して何ポイント獲得することができるかを競います」

１つの班を指名し，例示をします。１人を褒める時間を１分としてこれを４回繰り返します。

Aさんのよいところは，
①だれにでも気持ちのよいあいさつをしているところです。
②なわとびが上手なところもいいね。
③学級会の司会も上手でしたね。
④昨日１年生を助けていましたね。
＊上記の例では，４種類の発見をしているので４ポイント獲得となる。

②「まずはAさんのよさを班のみんなで伝えていきます。時間は１分間です。はじめ！」
③（１分後）「やめ！　Aさんのよさ，見つけた数をメモします。次にBさんです。はじめ！」
④（１分後）「やめ！　Bさんのよさ，見つけた数をメモします。次にCさん……」
⑤（人数分繰り返したら）「最後にポイントを足し算します」

各班のポイントを発表させて終えます。たくさん見つけていた班をお手本にするのも効果的です。慣れてきたら，１枚の紙に１つのよさを書いていくのもよいです。

対象：中・高　時間：20分　準備：ワークシート，おもちゃのマイク（あると盛り上がる）

17 なりきりインタビューごっこ

アイテム＆ゲームの紹介

だれか（何か）になりきって「なりきりインタビューごっこ」をします。インタビューをする人／される人，役割を交代して両方体験できるようにします。項目を考える活動を通して，質問する力が鍛えられます。教室が楽しい雰囲気になる活動です。

進め方

①（インタビュー映像を見せる）「今日はオリンピックの優勝インタビューごっこをします」

〈インタビュー相手の例〉
- アニメの主人公
- 歴史人物
- 内閣総理大臣
- コンビニの店長
- 動物（その動物が言いそうなセリフを答える）

②「ペアで協力して，相手への質問を考えます」
インタビューは２対２で行います。ワークシートの２枚目の質問リストを参照してもよいです。

③「インタビューを始めます。どちらのペアが先にインタビューをするかを決めます。インタビューをされる人はその人物が答えそうな内容を話します」

④「上手になりきってインタビューしていた人はいますか？」
上手な質問をしていたペアを指名し，インタビューを再現してもらいます。

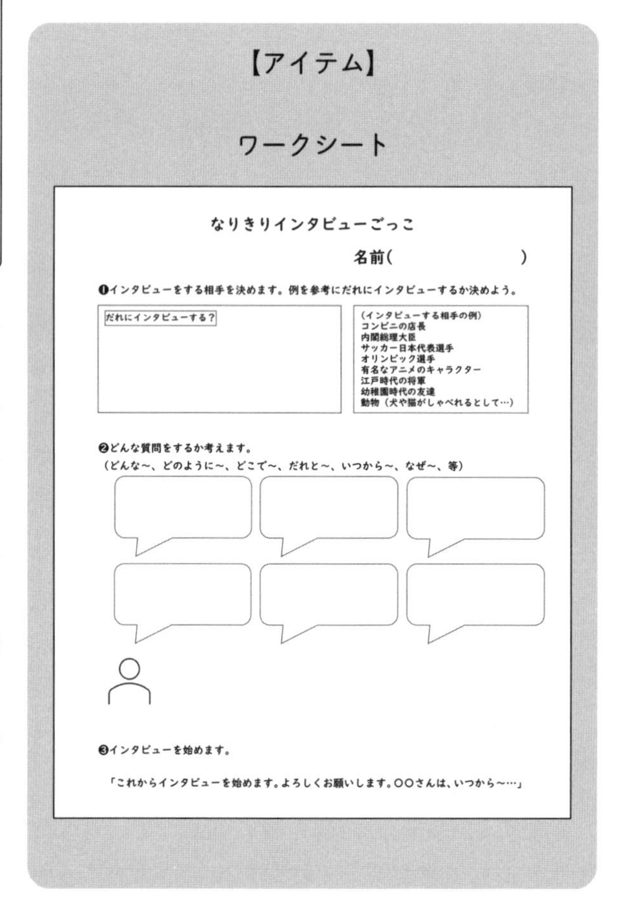
【アイテム】

ワークシート

なりきりインタビューごっこ

名前(　　　　　　　)

❶インタビューをする相手を決めます。例を参考にだれにインタビューするか決めよう。

だれにインタビューする？

（インタビューする相手の例）
コンビニの店長
内閣総理大臣
サッカー日本代表選手
オリンピック選手
有名なアニメのキャラクター
江戸時代の将軍
幼稚園時代の友達
動物（犬や猫がしゃべれるとして…）

❷どんな質問をするか考えます。
（どんな～、どのように～、どこで～、だれと～、いつから～、なぜ～、等）

❸インタビューを始めます。

「これからインタビューを始めます。よろしくお願いします。〇〇さんは、いつから～…」

Chapter 2

書くことの
アイテム&ゲーム

対象：低・中・高　時間：10分　準備：一文字回文シート

1　一文字変えて！回文づくり

アイテム＆ゲームの紹介

「回文」を使ったゲームです。一文字変えるだけならば低学年の児童にも作ることができます。一文字違うだけで文の中身がガラリと変わるのが回文のおもしろいところです。１つ書けたら１ポイント，２つ書けたら２ポイントと得点制にすると楽しく取り組むことができます。

進め方

①「上から読んでも下から読んでも同じになる文を回文と言います」
「たけやぶやけた」「きりんねるねんりき」等で例示をします。

②「回文づくりをします。たい□いた。□に入る一文字を考えてみましょう」（数名指名する）

〈例〉　いか□かい→いかにかい／いかゆかい　　さる□るさ→さるいるさ／さるにるさ……

③「一文字変えて，１つの文章ができたら１ポイント，２つできたら２ポイント……。たくさんの文を考えます」。１人ではなく，２人で協力して見つけるように指示をしてもよいです。

④「書いた文章を発表します。たくさんの回文を考えられた人が回文王です」

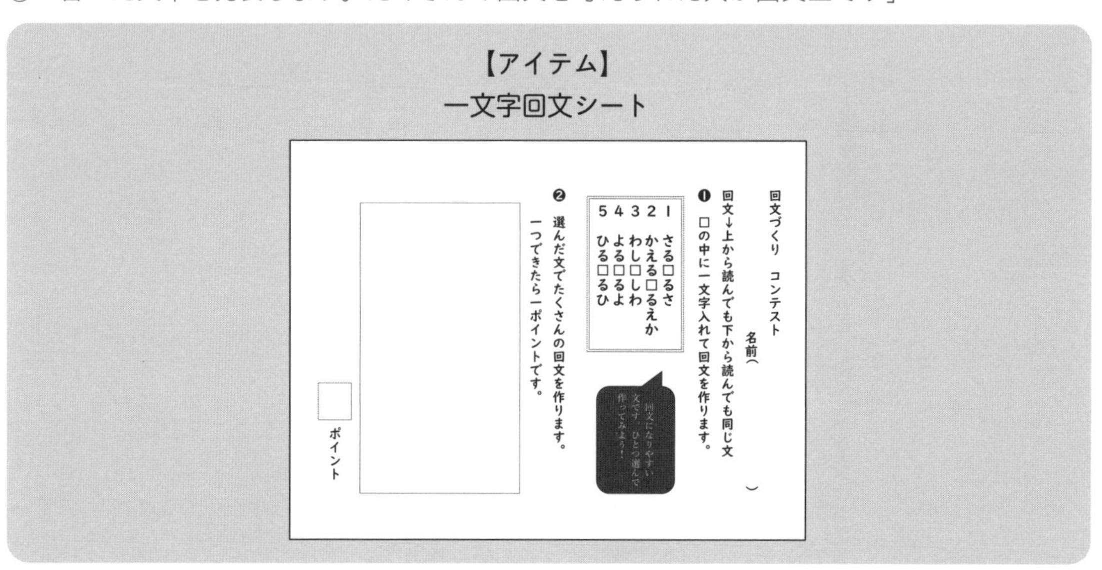
【アイテム】
一文字回文シート

回文づくり　コンテスト

名前（　　　　　）

回文→上から読んでも下から読んでも同じ文

❶　□の中に一文字入れて回文を作ります。

１　さる□るさ
２　かえる□るえか
３　わし□しわ
４　よる□るよ
５　ひる□るひ

回文になりやすい文です。ひとつ選んで作ってみよう！

❷　選んだ文でたくさんの回文を作ります。
一つできたら一ポイントです。

□ポイント

対象：低・中・高　時間：15分　準備：ノート

2 一文書き出しコンテスト

ゲームの紹介

作文の一文だけを審査するコンテストです。一文に限定して行うので書くことに苦手意識がある子も進んで取り組むことができます。書き出しで読み手を引きつける表現を学びます。行事の作文指導にぴったりのコンテストです。

進め方

①「(板書する)“昨日は運動会がありました。”よくある運動会の作文の書き出しです。この文章を，あっ！と驚く文章に書き換えます。作文が上手な人は書き出しが上手な人です」

五感（視覚，聴覚，味覚，触覚，嗅覚）＋気持ちを指導します。

②「目で見たこと，聞こえてきた音，におい，手で触った感覚，食べたものの味，それに加えて気持ちを表す言葉のうちどれかを使うと書き出しが激変します」

③「ノートに書けたら黒板に書きにきます」（できる限り，全員の文を板書させる）

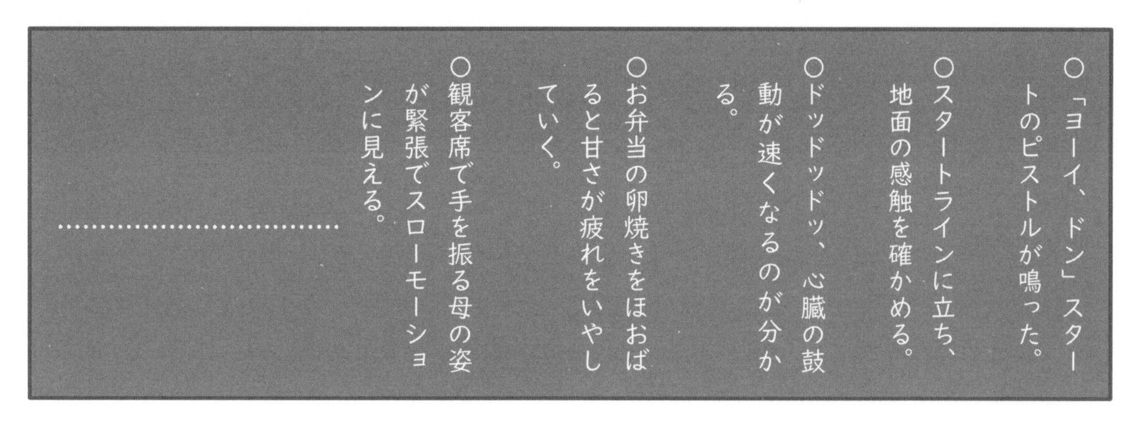

④「みんなは審査員です。１人３票投票することができます。この人の書き出しがいいなあ，続きが気になるなあという文章に手を挙げます」

１人も手を挙げない文には「先生は好きだなあ」「３票しかないからな」と一言フォローします。

運動会編，音楽会編，修学旅行編，社会科見学編等，行事ごとに繰り返し行うことができます。行事によって様々な文章ができます。

対象：低・中・高　時間：15分　準備：原稿用紙（マス目がある紙）

3　つなげて作文リレー

ゲームの紹介

１人が一文ずつ書いて１つの文章を仕上げるゲームです。ルールやお題を工夫して様々なバリエーションで取り組むことができるゲームです。

進め方

①「つなげて作文リレーをします。１人が一文ずつ書いてグループで文章を仕上げます」
　４人を指名し，黒板で例示をするとすぐに理解します。

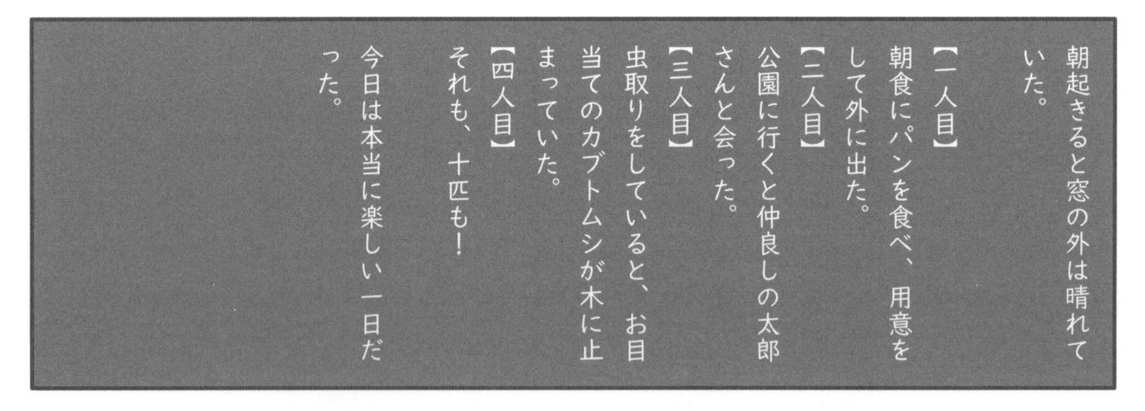
朝起きると窓の外は晴れていた。
【一人目】
朝食にパンを食べ、用意をして外に出た。
【二人目】
公園に行くと仲良しの太郎さんと会った。
【三人目】
虫取りをしていると、お目当てのカブトムシが木に止まっていた。
【四人目】
それも、十匹も！
今日は本当に楽しい一日だった。

②「人が嫌な気持ちになる表現やおうちの人に見せられないような文は書きません。友達の名前も使いません。最初と最後の文は決まっています。鉛筆が止まってしまった人にはヒントを出してもよいです」
③（すべての班が書き終えたら）「書いた作文を発表します。１班から，どうぞ！」
　２班，３班……と順に発表させます。ルールやお題は以下のように工夫できます。

〈例〉・フリー作文（書き出しや書き終わりを決めないで取り組ませる）
・長編作品（制限時間内になるべく長く書く）
・NG ワードを決める（「楽しい」「嬉しい」等，ありふれた表現を禁止にする）
・テーマ作文（動物がたくさん出てくる話，ワクワクする話，先生の休日等）

対象：低・中・高　時間：20分　準備：ワークシート

 なりきり日記，題名当て選手権

アイテム&ゲームの紹介

何かになりきって日記を書きます。日記が書けたら自分が何になりきったのかを友達と出し合います。「1人が分かったら○を1つ塗れる」とすることで分かりやすく書くモチベーションにつながります。

進め方

①「“わたしの家は筆箱。昨日も今日も字を消してばっかり……”だれか分かる？（「消しゴム」）このように何かになりきって日記を書くゲームです」

②「まず，何になりきるかを決めます」

〈なりきるものの例〉
＊難易度ごとにレベル分けしてもよい。
・動物系…鳥，キリン，ゾウ，ウマ等
・道具系…鉛筆，消しゴム，定規，コップ等
・家電系…冷蔵庫，エアコン，テレビ等
・自然系…海，山，川，空，星，雲等

③「なりきるものの名前は使わないで，100文字で日記を書きます」

④「友達となりきり日記を読み合って何になりきったのか当てます。自分の日記を読んで友達が答えを当てられたら○1つGETです。たくさんの友達と読み合いましょう」

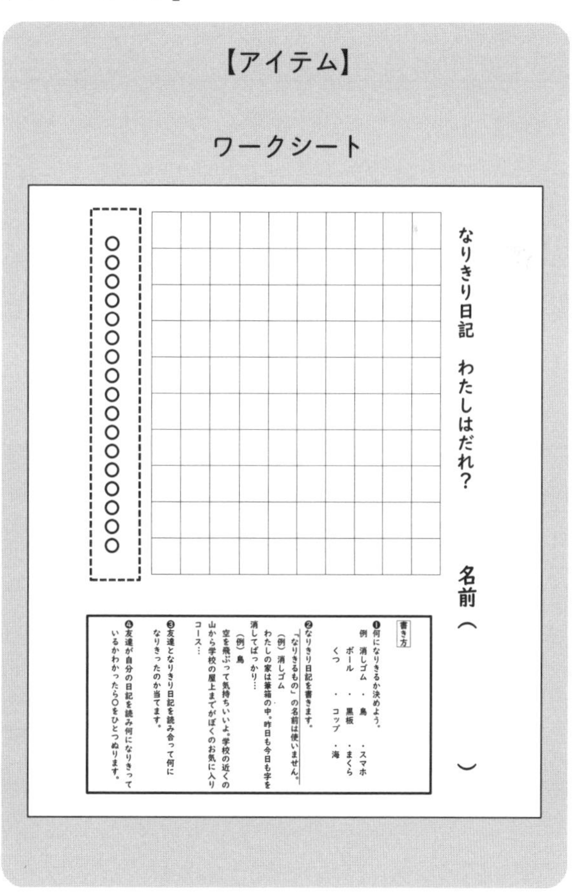

対象：低・中・高　時間：20分　準備：ノート

わたしはだれでしょう？
スリーヒントクイズ

ゲームの紹介

３つのヒントをもとに何のことを言っているのか当てるゲームです。楽しく関わり合いの中で言語感覚を鍛えることができます。クイズを作る活動で情報を「要約する力」が高まります。クイズに答える活動では情報を「正しく読み取る力」を高めることができます。

進め方

①「わたしはだれでしょう？スリーヒントクイズをします。３つのヒントから答えを当てるゲームです」

教師が黒板に以下のように書き，例を示します。

〈例〉
1　わたしは字を書くときに使います。
2　わたしの頭は黒いです。
3　わたしは使えば使うほど短くなります。

②「わたしは，だれでしょう？　答えが言える人？（子どもに答えてもらう）……正解は，鉛筆です。３つのヒントで答えが分かる問題をノートに書きます」

まずは，消しゴム等，お題を指定して全員で考えます。

③「お題を決めてスリーヒントクイズを作ります。具体的にそのものが思い浮かぶようにヒントを考えましょう。答えは１つに決まるようにします」

だれにでも伝わることを意識して問題を作らせます。

④「グループの中で問題を出し合って，おもしろいクイズNo.1を決めましょう。代表の子には全員の前で発表してもらいます」

答えが何通りも考えられる問題が出る場合があります。その際は，「この問題を少し変えて答えが１つになるようにしてみましょう」と投げかけ改題するのもよいです。

対象：中・高　時間：20分　準備：取り扱い説明書シート

6 取り扱い説明書クイズ

アイテム&ゲームの紹介

「取り扱い説明書」を書いてそれが何を表すか当てるクイズです。Ｉ人で作って，クイズを出し合ってもよいですし，ペアで対話しながらクイズづくりを行ってもよいです。発展として，料理の作り方，スポーツの行い方等で作ってもよいです。文字数を制限するのがポイントです。

進め方

①（例を読み上げる）「何の説明書でしょう？　分かる人？」

> Ｉ　洗濯物を入れ，スタートボタンを押します。
> 2　洗剤を入れ，ふたを閉めます。
> 3　動きが止まったら中の洗濯物を出します。
>
> （答え：洗濯機）

②「このように取り扱い説明書を３文で書いて問題を出し合うゲームです」
（５分程度書く時間をとる）

③「クイズ大会をします。問題を出した相手が答えられたらＩポイント獲得です。獲得ポイントを数えておきます」

④「多くポイントを獲得したＡさんに作文のコツを発表してもらいます」

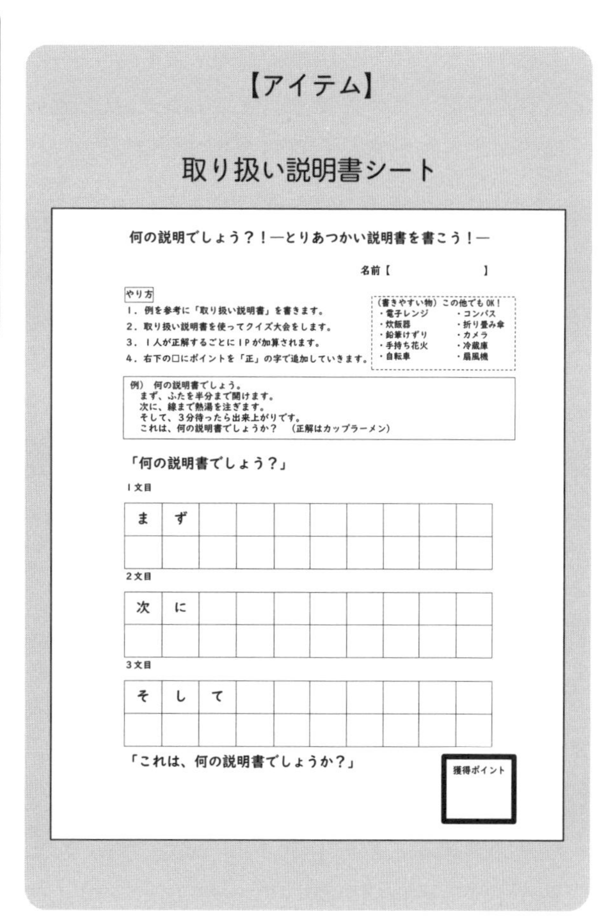

【アイテム】

取り扱い説明書シート

何の説明でしょう？！―とりあつかい説明書を書こう！―

名前【　　　　　　】

やり方
1．例を参考に「取り扱い説明書」を書きます。
2．取り扱い説明書を使ってクイズ大会をします。
3．Ｉ人が正解するごとにＩＰが加算されます。
4．右下の□にポイントを「正」の字で追加していきます。

（書きやすい物）この他でもOK！
・電子レンジ　・コンパス
・炊飯器　・折り畳み傘
・鉛筆けずり　・カメラ
・手持ち花火　・冷蔵庫
・自転車　・扇風機

例）何の説明書でしょう。
まず、ふたを半分まで開けます。
次に、線まで熱湯を注ぎます。
そして、３分待ったら出来上がりです。
これは、何の説明書でしょうか？　（正解はカップラーメン）

「何の説明書でしょう？」

Ｉ文目
まず

2文目
次に

3文目
そして

「これは、何の説明書でしょうか？」

獲得ポイント

対象：中・高　時間：30分　準備：ノート，Ａ４程度の紙

7 ぴったり俳句コンテスト

ゲームの紹介

「夏の楽しみを表す俳句」「春のさわやかさを表す俳句」等，テーマにぴったりな俳句を書くゲームです。俳句づくりに慣れてきた頃に実践することをおすすめします。班でだれの俳句がぴったりかを決めた後は班代表を出し合って学級 No.1を決めます。お題を変化させて繰り返し楽しむことができる活動です。

進め方

①「ぴったり俳句コンテストを開催します。テーマにぴったり合った俳句を作って No.1を決めるゲームです。今回の俳句は“夏の楽しみを表す俳句”です」
②「プロが書いた作品です。どんな楽しみを表しているでしょう」
　以下のように板書しながら進めていきます。

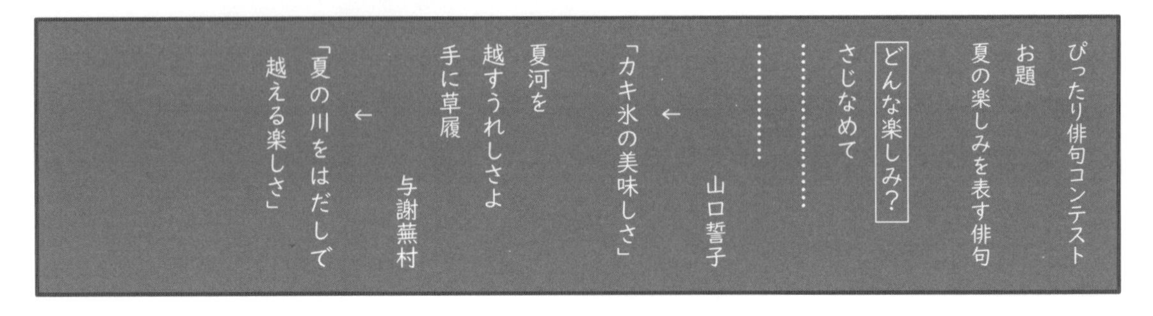

③「まずは，“夏の楽しみを表す俳句”を作ります」
④「次に，班の中で発表し，班の No.1を決めます」
⑤「班の No.1を黒板に書きます。（書き終えたら）１班から順に，発表していきます。クラス No.1にふさわしいと思う作品２つに手を挙げます」
　投票数の多かった作品が，「夏の楽しみ俳句 No.1」となります。各自が作った俳句はＡ４の紙にイラストとともに書かせると掲示物にもなります。

〈その他のテーマ〉

・季節の美味しさを表す俳句　・寒さ（暑さ）を感じる俳句　・花（虫）が出てくる俳句
・音が出てくる俳句　等

対象：中・高　時間：20分　準備：ワークシート

8 都道府県マップ電車作文

アイテム&ゲームの紹介

日本地図と短作文を組み合わせたゲームです。都道府県の漢字と特産物等を組み合わせて文をつなげていきます。電車を乗り継ぐようにして，遠くまで出かけることができたペアの勝利です。１人で取り組ませてもよいです。都道府県の漢字を書いて覚えます。

進め方

①「都道府県の漢字と各地の特産物や観光地の名前を使って作文しながら移動します」

〈例〉
埼玉県で和紙の体験をしました。
↓
山梨県でぶどうを食べました。
↓
長野県でハイキングをしました。

②「出発地を決めます。電車移動なので隣り合う都道府県のみ移動できます。北海道，四国，九州，沖縄は近くの都道府県からなら移動できることとします。はじめ！」（７分程度時間をとる）

③「書いた作文を班で発表します。一番遠くまで行けた人はみんなの前で発表します」

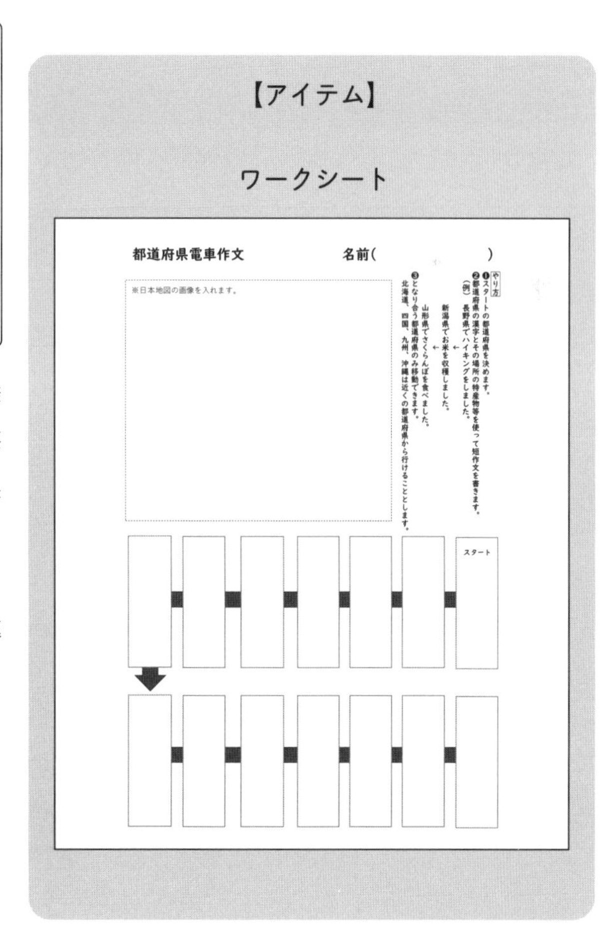

【アイテム】

ワークシート

都道府県電車作文　　名前（　　　　　）

※日本地図の画像を入れます。

やり方
❶スタートの都道府県を決めます。
❷都道府県の漢字とその場所の特産物等を使って短作文を書きます。
（例）長野県でハイキングをしました。
←
新潟県でお米を収穫しました。
←
山形県でさくらんぼを食べました。
❸となり合う都道府県のみ移動できます。
北海道、四国、九州、沖縄は近くの都道府県から行けることとします。

スタート

対象：中・高　時間：20分　準備：ワークシート

 何点取れるか？ポイント漢字作文

アイテム＆ゲームの紹介

200文字のワークシートを使って行います。漢字をたくさん使って日記を書きます。使った漢字の数を記録しておくと使用数の変化が分かります。宿題にも最適です。次の日の朝の会で，使った漢字の数を確認し称賛すれば，褒めて１日をスタートさせることができます。

進め方

①「漢字をたくさん使って日記を書きます。習った漢字は使わないとどんどん忘れていきます。何度も使うことで脳に“この情報は大切な情報ですよ”と学習させることができます」

②「使った漢字の数はワークシートの左下に記録しておきます。レベルは以下の通りです」

〈使った漢字の数＆レベル〉
- １～ 20個→初級レベル
- 21～ 40個→中級レベル
- 41～ 60個→上級レベル
- 61～ 80個→達人レベル
- 81～100個→名人レベル

③「使った漢字の数を確認します（レベルを挙手で確認する）」

④使用した漢字の数のランキングを教室に掲示すると意欲づけになります。

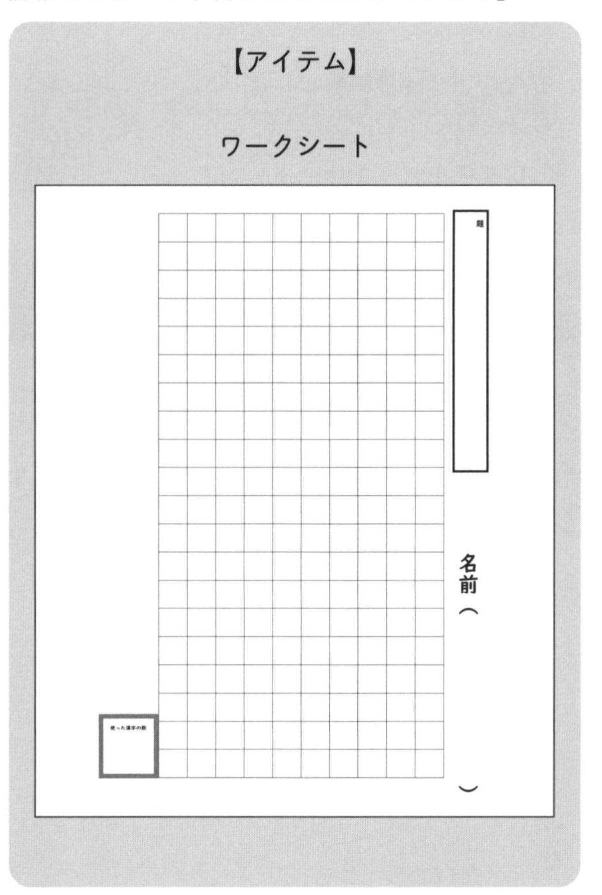

対象：中・高　時間：15分　準備：名刺サイズに切った画用紙もしくは紙

10 オノマトペ口頭作文

ゲームの紹介

オノマトペを使った作文ゲームです。班の中でいろいろなオノマトペを出し合い，それを使って口頭作文をします。１つにつき１ポイントとします。班で協力して何ポイントできるかを競います。オノマトペの引き出しが増え，表現力が高まっていきます。

進め方

①「カード１枚につき１つのオノマトペを書きます。班で協力してたくさんのオノマトペを出し合いましょう」（名刺サイズに切った画用紙をたくさん用意し書かせる）

〈オノマトペの種類〉＊以下のような言葉をまずはたくさん集めさせたい。
・音を表す言葉……トントン，カンカン，リンリン等
・様子を表す言葉……キョロキョロ，ウロウロ，キラキラ，ビュンビュン等
・気持ちを表す言葉……ワクワク，ドキドキ，ウキウキ，プンプン等

②「オノマトペ口頭作文をします。書いたカードを班で重ねて山にします。順番にカードを引きます。短文を作ることができればカード GET です。できなければ，山の一番下に戻し，次の人がカードを引きます。これを１人目から順に繰り返します」（７分程度時間をとる）
③「班で獲得したオノマトペカードを数えます。優勝は，○班です！」
④使用したカードは回収してチャックつきのポリ袋で保管しておくと繰り返し遊べます。

〈活用例〉
・班でカードを交換して同様に行う。
・毎回オノマトペカードを追加していく。
・口頭作文ではなく，実際に文を書かせる。
・お話をつなげていく（１人目：「サラサラ」と水が流れています→２人目：そこへ「リンリン」と電話の音が聞こえてきました→３人目：「ドキドキ」しながら電話に……）。

対象：中・高　時間：15分　準備：起承転結の書かれたくじ（班ごと），ワークシート

11 くじ引き起承転結作文

アイテム＆ゲームの紹介

物語の起承転結を指導した後に行う作文ゲームです。くじ引きで役割を分担し，４人で一文ずつ文章を書いてつなげます。短時間で繰り返し行い，起承転結を理解させることができます。

進め方

①「くじを引いて出た役割の文章を書きます。４人で起承転結をつなげ，お話を作ります」
②「桃太郎で起承転結をおさらいします」
　起……桃から桃太郎という男の子が生まれる。
　承……鬼ヶ島に鬼退治に出かける。
　転……犬，猿，雉と力を合わせて鬼と戦う。
　結……鬼をやっつけ，お宝を家へと持ち帰る。
③「くじを引いて，出た役割を分担します。まずは，起を引いた人からワークシートに文を書いていきます」（一文程度で短くまとめさせる）
④「次に，承を引いた人が書きます」（同様に結まで進める）
⑤「できた文章を１班から順番に発表します」（感想を発表させ終える）

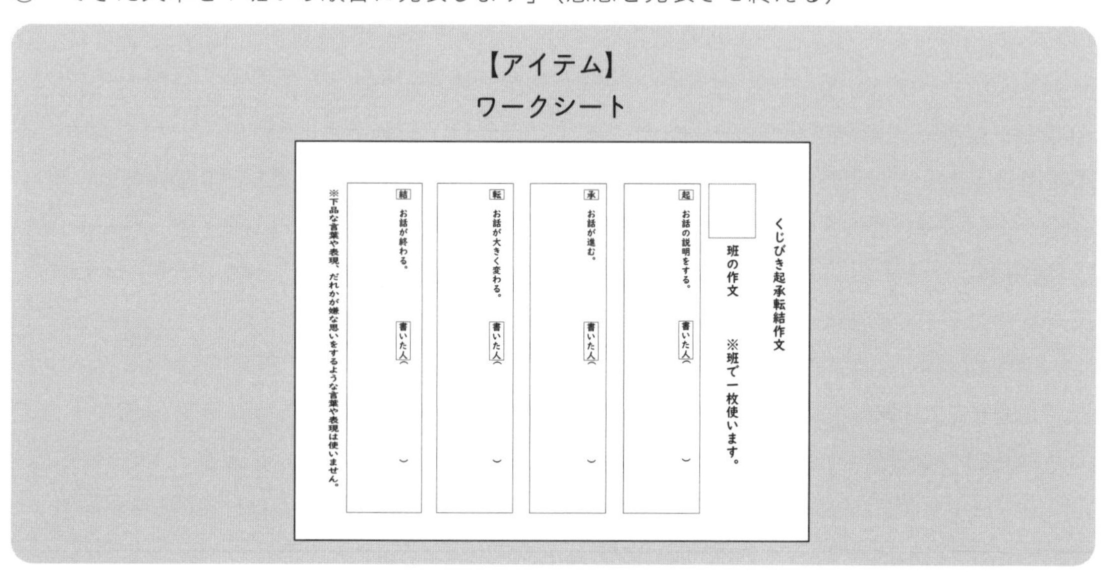
【アイテム】
ワークシート

くじびき起承転結作文
□班の作文　※班で一枚使います。
起　お話の説明をする。　書いた人（　　）
承　お話が進む。　書いた人（　　）
転　お話が大きく変わる。　書いた人（　　）
結　お話が終わる。　書いた人（　　）
※下品な言葉や表現、だれかが嫌な思いをするような言葉や表現は使いません。

対象：中・高　時間：25分　準備：ノート，A３程度の紙，付箋

12 じっくり観察作文

ゲームの紹介

あるものの特徴についての説明文を書くゲームです。五感＋気持ちを使って情報をたくさん集めます。班で出し合った情報をもとに簡単な説明文に表していきます。まずは，すべての班が同じ題材で書きます。同じものを見ても人によって様々な文になる楽しさが味わえます。“そのものを知らない人に説明しよう”という前提で詳しく分かりやすく書かせていきます。

進め方

①「今から配るペンの特徴を班で協力してたくさん見つけます。説明文を書く学習です」

②「まずは，班で見つけたことを出し合います。１枚の付箋に１つのことを書き，A３の用紙に貼りつけていきます」

「手を挙げる」→「口頭で発表する」→「“いいね！”をもらう」→「付箋に書く」の流れで進めていきます。「いいね！」と言わせることで肯定的な雰囲気が醸成されます。

〈出てくる特徴の例〉＊付箋はこのようにA３程度の紙にためていく。

ふたの部分は紙に挟めるようになっている。	持つとツルツルしている。	書く時にキュッキュッと音がする。	細い線と太い線の両方かけて便利だ。

③「班でいくつの付箋が集まったかを確認します」

④「集めた付箋を使って，ペンについての説明文を書いていきます」

ここからは個人で説明文を書かせます。

〈上記の付箋を活用した例〉

これはペンと呼ばれるものです。文字を書く時に使います。細い線と太い線と両方の線がかけるので便利です。ペンを持つとツルツルしていて気持ちがいいです。書く時にはキュッキュッと音が鳴ります。消しゴムでは消せないので注意してください。

対象：中・高　時間：10分　準備：原稿用紙（マス目がある紙），写真

13 20秒観察作文

ゲームの紹介

20秒間ある写真を見て，写っている景色を作文で再現するゲームです。グループ（４人組）で協力して文章を書きます。各々が見た情報を出し合い，文を書いていきます。色や形，様子等を正確に再現できたグループの勝利です。

進め方

①「20秒間，１枚の写真を見せます。その写真について班で協力して作文にします。出てくるもの，色，形，数，様子等をじっくり見て覚えます。それではいきます」

〈使用する写真の例〉

花火の写真

菜の花と桜並木の写真

熱帯魚の写真

②５分程度時間をとり，書かせます。五感＋気持ちを入れて書かせます。

③「書いた文章を発表してもらいます。写真と見比べて，どの班が一番正確に再現できているかを判定します」

④「上手に書けていたと思う班２つに手を挙げます」（個人やペアで書かせてもよい）

菜の花と桜並木の写真

〈作文の例〉

桜の花が咲いている。季節は春だろう。手前に見えるのは菜の花だ。ピンクと黄色の花が美しい。奥には山の緑も見える。空の青さも素晴らしい。

対象：中・高　時間：25分　準備：A４サイズを半分に切った紙，縦長の俳句用紙

14 短文を俳句に書きかえコンテスト

ゲームの紹介

短文を俳句に書き換えるゲームです。友達が書いた短文をもとに俳句を作っていきます。カードゲーム形式にして１枚めくって出てきた文で俳句を作っていきます。だれが上手に俳句を作ることができたか品評会をしてもおもしろいです。

進め方

①「夏の出来事を短い文に表します。その文を使って俳句を作っていくゲームです。練習します。先生が書いた文を俳句にします。できる人？」（黒板で例示する）

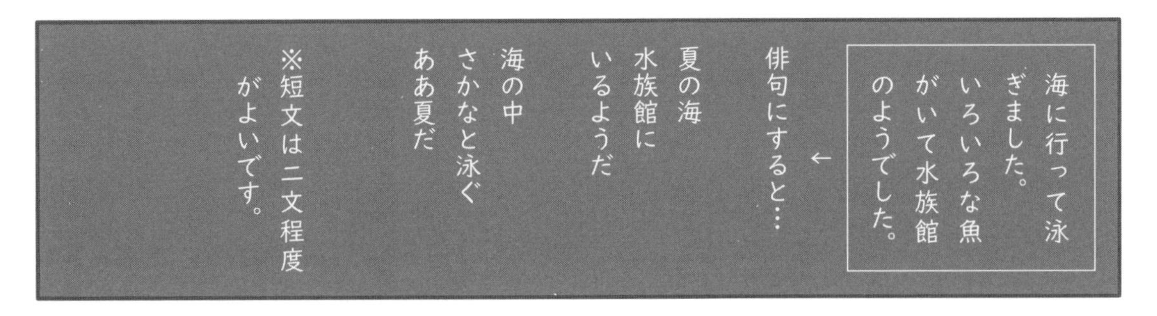

②「まずは１人３枚程度，短文を書きます」

③（書き終えたら）「みんなが書いたカードを１つに集めます。机を班の形にして真ん中に置きます。順番にカードを引き，出てきた短文カードをもとに俳句を紙に書いていきます」

④「１枚のカードで１人が書けたら１ポイントです。グループでたくさんの俳句を作ります」

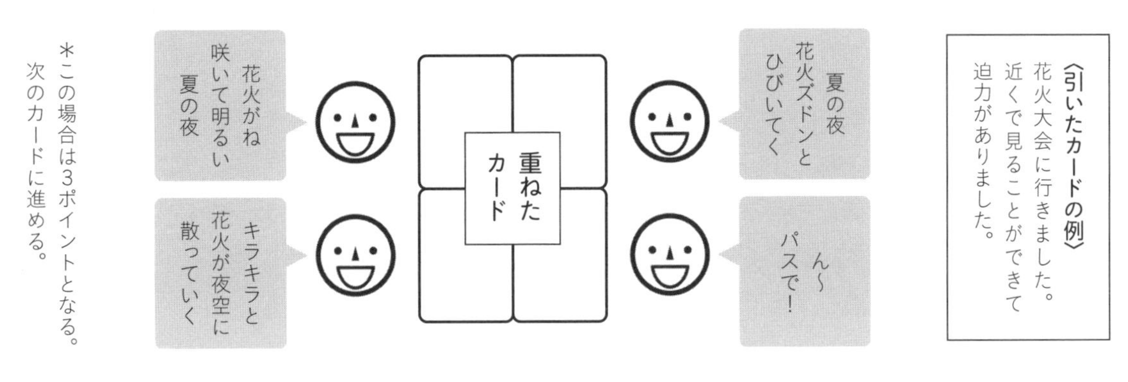

対象：中・高　時間：20分　準備：ノート，国語辞典

15 多義語で名作づくり

ゲームの紹介

多義語を集めて物語を作ります（難しい場合は文章でOK）。言葉を様々な角度から見て考える力がつきます。完成したら班で読み合います。班代表の名作を決めて，学級No.1を決めます。

進め方

①（黒板に“きく”と書く）「漢字に直せる人？」（指名して書いてもらう）
②「文が作れる人？」（例文を全体で考える）

きく
効く……薬が効く。
聞く……話を聞く。
聴く……音楽を聴く。
利く……気が利く。

きく物語
太郎さんはお腹のいたさが続いていた。気が利く友達が腹痛に効く薬を教えてくれた。話をよく聞いてみると，その薬は，菊の花が入っているそうだ。
……

③「このように多義語を使って作文をしていきます」
④「できた作文を発表しましょう」

〈多義語の例〉 ＊集める活動はペアやグループで行ってもよい。

「みる」……見る，観る，診る
「はし」……橋，端，箸
「とる」……取る，撮る，採る，捕る，盗る
「あげる」……上げる，挙げる，揚げる
「かく」……書く，描く，欠く
「きく」……聞く，効く，聴く，利く
「かえる」……変える，帰る，替える
「あう」……合う，会う，遭う
「とく」……解く，説く，溶く
「きる」……切る，着る，斬る

対象：中・高　時間：30分　準備：名刺サイズに切った紙（２色あると色分けできる）

16 偶然川柳

ゲームの紹介

偶然引いた言葉カードを使って川柳を創作します。五音カード，七音カードを子どもたちにたくさん書かせるところから活動を始めます。五音の山，七音の山，２つの山から引いた言葉で川柳を作ります。五・七・五の五音，七音が偶然の要素です。そこに自分で考えた五音を足して川柳を作ります。川柳を作ることができたらそのカードを獲得できます。

進め方

①「偶然川柳です。五音・七音とカードを１枚ずつ引いて出た言葉で川柳を作ります」
カードを２枚引いて，実際に例示をします。

②「黄色の紙には五音を，ピンクの紙には七音を集めます。今日のお題は秋に関する川柳です」

③「色ごとに山を作ります。カードを引く順番を決めます。１番目の人は五音の山から１枚，七音の山から１枚カードを引きます。引いた言葉で川柳ができたらカード獲得です。できなかったら山の一番下に戻します」
班のメンバーで相談あり，相談なしは学級の実態に応じて使い分けます。

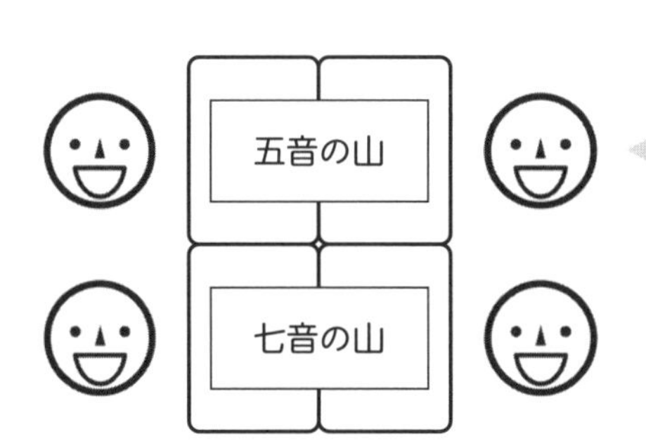

わたしが引いたカードは，
五音が“おいしいな”で
七音が“秋のたのしみ”
だから…

④「２番目の人も同様に進めます。制限時間内にたくさんの川柳を作ることができた班が勝利です」
班対抗にすることで１人では作ることが難しい人も参加しやすい雰囲気が生まれます。
作ったカードは保管しておくと繰り返しゲームを行うことができます。班でカードを交換する，七音カードだけ（五音カードだけ）使うなど，様々なバリエーションが考えられます。

対象：中・高　時間：25分　準備：ノートまたは自己紹介を書く紙

17 二字熟語，つなげてつなげて自己紹介

ゲームの紹介

二字熟語をつなげて自己紹介をします。数ある二字熟語の中で自分を表すためにぴったりな二字熟語を見つけて，つなげていきます。二字熟語で様々な様子や状態を表すことができると気がつくゲームです。二字熟語ができたら，四字熟語でも同様に進めることができます。

進め方

①黒板で次のように例を示します。

②「自分の好きなものや大切にしていることなどを二字熟語で表現します。自分にぴったりの二字熟語を選びます」

③「まずは，二字熟語集めをします。紹介に使えそうな二字熟語をたくさん集めます」

④「集めた二字熟語をつなげて自己紹介文を作ります。完成した“二字熟語自己紹介”を紙に書いて集めます。これがクイズになります。だれのことか分かるような言葉を選びます」
回収した二字熟語を使って，人物あてクイズをします。

〈例〉　○野球が好きで足が速いＡさんの紹介
→野球，努力，俊足，天才……わたしはだれ？
○水泳と昆虫が好きなＢさんの紹介
→水泳，全力，昆虫，採集……わたしはだれ？
○歌が好きで声の大きさが自慢なＣさんの紹介
→歌唱，熱中，大声，自慢……わたしはだれ？

⑤「一番ぴったりな紹介文を書いていた人はだれでしょうか。発表してください」
上手に書けていたと思える子とその理由を発表させて終わります。

対象：高　時間：45分　準備：ワークシート

18 七音・五音つなげて詩づくり

アイテム＆ゲームの紹介

七五調のリズムに合わせて詩を作る学習です。慣れてきたら音数を変化させて取り組ませると様々な音数に対応した詩を自在に作ることができます。言葉を巧みに操る力がつきます。

進め方

①（「うさぎとかめ」（作詞：石原和三郎）の歌詩を掲示する）「音数を数えます。も・し・も・し・か・め・よ，七音。……」。実際に指を折りながら数えます。

②「七音・五音の連続でできていますね。七五調と言います。日本の詩に多く見られる形式です。今日は七五調の詩を作ってみましょう」（ワークシートを使って詩を書かせる）

③「できた詩を友達と読み合います。日本語のリズムのよさを感じながら音読します」

詩を作ることに慣れてきたら音数を指定して作らせてもおもしろいです。

〈例〉

五音，七音の連続／五音，五音の連続／七音，七音の連続／お互いに指定した文字数で

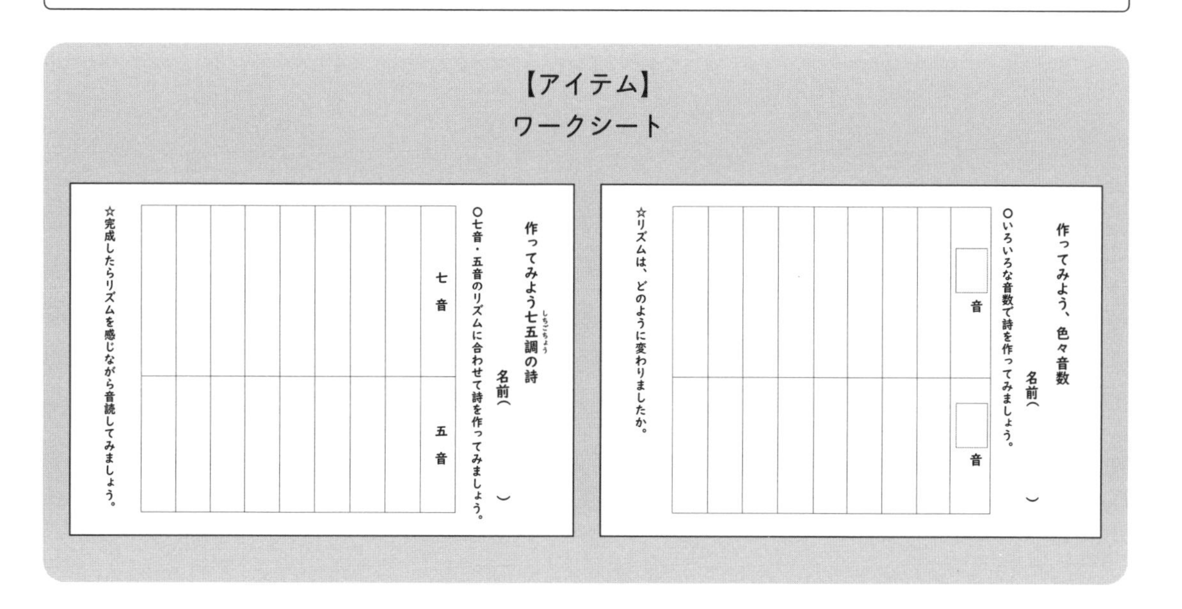
【アイテム】
ワークシート

作ってみよう七五調の詩
名前（　　　）
○七音・五音のリズムに合わせて詩を作ってみましょう。
七音
五音
☆完成したらリズムを感じながら音読してみましょう。

作ってみよう、色々音数
名前（　　　）
○いろいろな音数で詩を作ってみましょう。
音
音
☆リズムは、どのように変わりましたか。

対象：高　時間：45分　準備：ノート

19 音訓両方作文

ゲームの紹介

１つの漢字に対して音読みと訓読みを一文の中に入れて作文をします。音読みと訓読みの両方を組み合わせて作文をしなければならないので語彙を増やすことができます。

進め方

①黒板に次のような例文を書きます。「□楽の授業でたくさんの□を聞く」

②「□の中には同じ漢字一文字が入ります。分かる人？（「音です」）その通り！　正解は音です。音読みをすると“オン”，訓読みが“おと”ですね。このように音訓を使った共通の漢字クイズを作ります」

③「ステップ１。まずは，漢字を決めて音読みの言葉，訓読みの言葉を集めます。たくさん集めると作文がしやすくなりますね」

ノートにたくさん集めて，発表させます。

④「ステップ２。集めた言葉を使って音訓両方作文を書きます。同じ漢字の部分を□にすれば，クイズの完成です。３問作れた人は１つ黒板に書きにきます」

⑤「音訓クイズをみんなで解きます！　この問題の答え，分かる人!?」

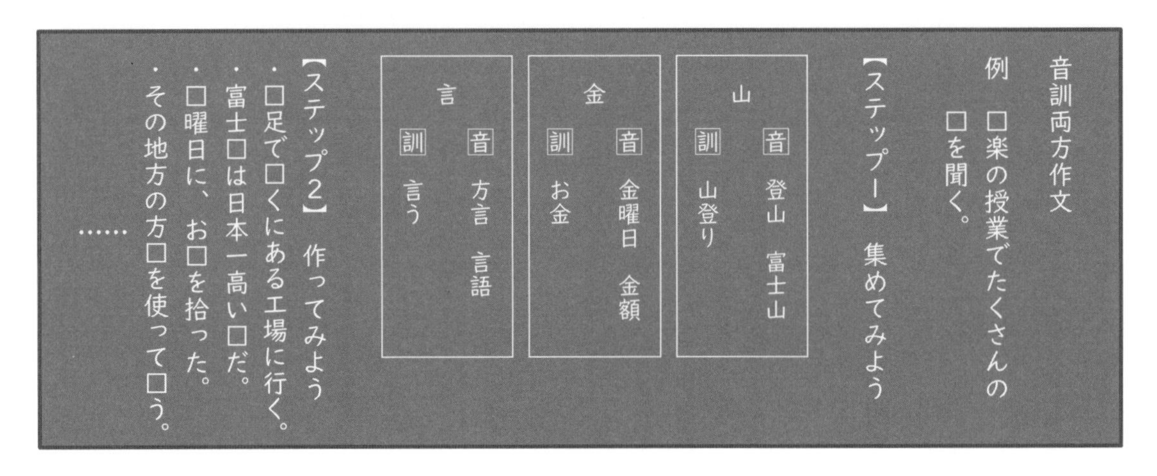

対象：高　時間：20分　準備：写真

20 たとえて楽しい！比喩作文

ゲームの紹介

レトリックの中の比喩（たとえ）を使った作文です。「○のような△」や「○みたいな△」と，たとえを使った文を書きます。書けた実感を味わわせるため，たとえやすいものから例示するのがポイントです。たとえると何がよいかを考えさせます。

進め方

①「□のような雲。□にどのような言葉が入りますか？」（□のような夕日も同様に進める）

②「たとえていうことを比喩といいます。“ような”や“みたいな”は様々な文章で使われています」（２年生「スイミー」等の教材を掲示して，発表させる）

③「□のような先生。先生をたとえてみましょう。□には何が入りますか？」

④「今度は，たとえるものを決めてたとえてみます。□のような○。書けたら黒板に書きます。名前も書いておきます。（発表が終わったら）たとえるとどのようなよいことがありますか？」

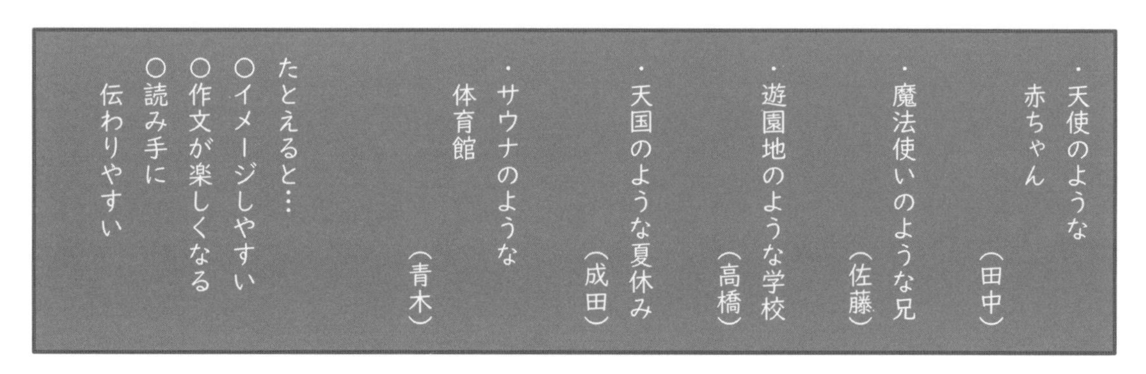

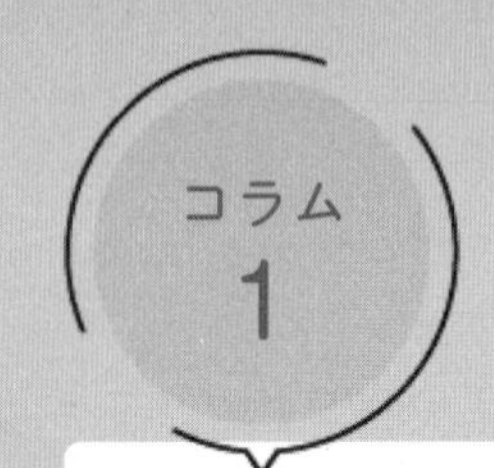

“関わり”を生み出す教師の褒め方

肯定的な表情，褒め言葉，伝え方

明るく肯定的な雰囲気をつくるには，肯定的な表情，肯定的な言葉で子どもと接します。

表情

楽しい活動も教師がつまらなそうな表情では子どもは楽しめません。「今から楽しいことやるよ！」という雰囲気を表情からも醸し出し，常に笑顔を意識します。

言葉

褒め言葉には様々なバリエーションがあります。プロのソムリエはワインの美味しさを何百種類もの言葉で表現するそうです。教師も目の前の子どものよさを様々な言葉で褒められなければいけません。褒め言葉が「いいね！」と「すごい」しかない……とならないようにします。

伝え方

言葉を発する際の，場所，声の大きさ，間のとり方，スピード等も大切です。

大きな声で「すばらしい！」と全体の前で言った方が相手は嬉しいのか，「すばらしい……」とつぶやくように伝えた方が相手は嬉しいのか。相手によっても褒め方を変化させていく必要があります。特に高学年になってくると全体の前で褒められることを嫌がる子が出てきます。相手の立場に立って，臨機応変に対応します。

全体を褒める→教室の雰囲気をよくしたい！

「この○年○組は，だれとでもすぐに関わることができる雰囲気がありますね。こんなクラスは初めてです」「先生も子どもの頃，こんなクラスがよかったなあ！」「○月にこのような姿が見られるとは……！　3月のこのクラスは……全国 No.1になりそうです」等，クラス全体を褒めて肯定的な雰囲気をつくっていきます。

個人のことを褒める→個人のよい行動を他に波及させたい！

「A さんは，積極的に話しかけていましたね。いろいろな人の笑顔を生み出していました」「B さんと C さんは，相手の話をうなずきながら聞いていましたね。優しさを感じます」等，個人を取り上げて褒めることも有効です。また，活動中の実況中継も間接的に褒めることになります。「A さん，いますばらしい姿勢で10個書き終えました！」「B さん，すでに5人の友達と交流をしました！」等，子どもの様子を実況中継で伝えます。それだけで，姿勢がスッと伸び，鉛筆が動き出す子が出てくることがあります。特に低学年では顕著です。

音声で褒める他にも，日記の返事に褒め言葉を書くこともあります。「今日の国語の時間，たくさんの人と関わっていたね。なかなかできることではないです。これからも頼りにしているよ」と日記の内容には関係ないコメントを残してもよいです。また，一筆箋に褒め言葉を書いて保護者にも伝える等，様々な方法が考えられます。

Chapter 3

読むことの
アイテム＆ゲーム

対象：低・中・高　時間：45分　準備：ビンゴ用紙

1 探してみよう〇〇の本
―本，見っけビンゴ―

アイテム＆ゲームの紹介

読書遊びです。お花が出てくる本，動物が出てくる本，昆虫が出てくる本，海に関係する本，山に関係する本等，ビンゴ用紙に書かれたテーマに合った本を探します。お題を友達同士で出し合ってもよいです（ワークシートのレベル１は教師がお題を指定，レベル２は子どもが話し合ってお題を決める）。図書室では指示が通りにくくなることがあるので教室で説明しておきます。図書室についたら本を探す活動からスタートするとスムーズに進みます。

進め方

①「本，見っけビンゴです」（お題が書かれたビンゴ用紙を配付する）

②「ビンゴ用紙のマスにそれぞれお題が書かれています。１のところは何と書いてありますか。２のところは……（どこに何を書くか確認する）。お題に合った本を探して本の名前を□に書きます。題名にお題の言葉が入っていなくても本のどこかに登場していれば〇です」

③「制限時間内にいくつビンゴできるか挑戦してみてくださいね。先に見つけた人は『あの辺にあるよ！』と，ヒントを出してあげてもよいですからね。時間は15分です。ヨーイ，はじめ！」
（15分後，ビンゴの数を数える）

④「同じグループの友達はどんな本を見つけたのでしょうか。発表し合ってみましょう」

【アイテム】

ビンゴ用紙（レベル１）

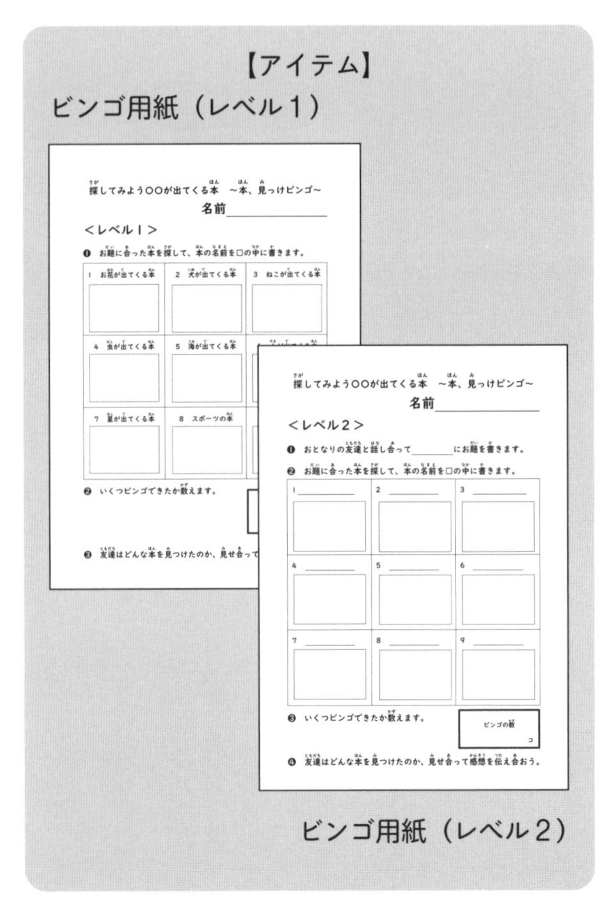

探してみよう〇〇が出てくる本　～本、見っけビンゴ～
名前＿＿＿＿＿＿＿＿

<レベル１>

❶ お題に合った本を探して、本の名前を□の中に書きます。

1　お花が出てくる本	2　犬が出てくる本	3　ねこが出てくる本
4　虫が出てくる本	5　海が出てくる本	
7　星が出てくる本	8　スポーツの本	

❷ いくつビンゴできたか数えます。

❸ 友達はどんな本を見つけたのか、見せ合って

探してみよう〇〇が出てくる本　～本、見っけビンゴ～
名前＿＿＿＿＿＿＿＿

<レベル２>

❶ おとなりの友達と話し合って＿＿＿＿にお題を書きます。

❷ お題に合った本を探して、本の名前を□の中に書きます。

1 ＿＿＿＿	2 ＿＿＿＿	3 ＿＿＿＿
4 ＿＿＿＿	5 ＿＿＿＿	6 ＿＿＿＿
7 ＿＿＿＿	8 ＿＿＿＿	9 ＿＿＿＿

❸ いくつビンゴできたか数えます。　ビンゴの数　コ

❹ 友達はどんな本を見つけたのか、見せ合って感想を伝え合おう。

ビンゴ用紙（レベル２）

対象：低・中・高　時間：45分　準備：なし

2　このお話，どんなお話？

ゲームの紹介

物語文の学習ゲームです。中心人物の心情の変化をもとに主題を読み解くのが物語教材の大きな核の一つです。このゲームでは，「だれ（中心人物）が何をして（出来事）どうなった（変容）」を短くまとめて交流することで，物語文の主題に迫るための助走をつけます。

進め方

①物語文を範読します（第1時に行う）。

「このお話の中心人物はだれですか？　中心人物とは物語の中で気持ちが一番大きく変わる人です」（以下のように板書して中心人物を確定する）

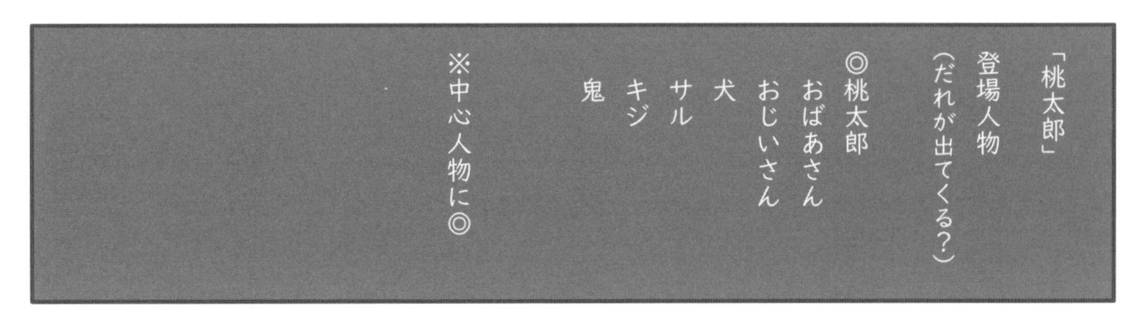

②「中心人物が変わるきっかけとなった出来事がありますね。それは何ですか？」

③「中心人物がどのように変わったのかを書きます。例えば，桃太郎のお話ではこのようになります」

（だれが）　桃太郎が，
（何をして）　仲間を集めて鬼を退治して，
（どうなった）立派に成長して幸せに暮らすお話。

④「いま書いた“だれが，何をして，どうなった”をもとに，このお話が伝えたいことを短い言葉でまとめます（ズバリ一言で書かせる）」

⑤「書けたら友達と交流しましょう。友達と同じところ，ちがうところを見つけましょう」

対象：低・中・高　時間：45分×２時間程度　準備：おススメ本紹介カード

3　おススメ本グランプリ

アイテム＆ゲームの紹介

図書館にある本の中から，おススメ本を紹介し合うゲームです。最後に一番読んでみたいと思った本に手を挙げて，グランプリを決定します。「友達のおススメ本から名作に出会うこと」，これも読書の醍醐味ですね。

進め方

①「友達に本を紹介するゲームです。紹介を聞いた友達に読んでみたいなあと思ってもらえたら大成功です」

②「図書館の中から紹介したい本を１冊決めます。そして紹介カードを完成させていきます」

（①と②で45分使い，③からは次の時間とし，ともに図書館で行う）

③「昨日書いた紹介カードを互いに読み合って，読みたい度を☆で伝えます。１人に最大３つまで☆をプレゼントすることができます。たくさんの友達にたくさんの☆をプレゼントしてくださいね」

（20分程度時間をとる）

④「友達の紹介を読んで，読んでみたくなった本はありますか？　友達が紹介していた本を見つけて読んでみましょう」

【アイテム】

おススメ本紹介カード

おススメ本グランプリ

名前（　　　　　　　　）

おススメする本の名前

本を書いた人　：＿＿＿＿＿＿＿＿＿＿

本の内容を一言で

どんな人におススメ？

おススメポイントは？

友達にぬってもらおう！！！

☆☆☆☆☆☆☆☆☆☆☆☆☆☆☆☆☆☆☆☆☆☆☆☆☆☆☆☆☆☆

☆☆☆☆☆☆☆☆☆☆☆☆☆☆☆☆☆☆☆☆☆☆☆☆☆☆☆☆☆☆

対象：低・中・高　時間：20分　準備：絵本，Ａ４程度の紙（ホワイトボード）

 絵本読み聞かせクイズ

ゲームの紹介

読み聞かせはいつの時代も子どもたちに人気の高い教育活動です。読んだ後にちょっとしたクイズを出すことで，聞く力を鍛えるトレーニングになります。クイズには個人で答えるのではなくグループで相談して答えてよいとすることで子ども同士の関わりを生み出すことができます。読む前にクイズを出すことを予告しておくと子どもがより集中して聞くようになります。

進め方

①読み聞かせ用の絵本（10分以内で読み聞かせできる本）を持って子どもたちの前に立ちます。
「読み聞かせの後に先生がいくつか質問をしますからね。答えられるようにきちんと聞きましょう」
（絵本の読み聞かせが終わった後，グループに１枚白い紙を配る。ホワイトボードでも可）
②「今から絵本に関する問題を５問出題します。グループで答えを書いていきます」

〈問題の例〉

・主人公の名前は何ですか？
・いつ頃のお話ですか？
・お話の季節はいつですか？
・主人公が好きな食べ物は？
・主人公を変えるきっかけは？
・主人公は何人家族ですか？
・一番最後に話をしたのはだれですか？
・一番最初に出てきた人物はだれ？
・出てくる動物は？
・一番多く登場したのはだれ？
・主人公は何色が好き？
・ある日，出会ったのはどんな人？

③書き終えたら答え合わせをします。
「第１問，主人公の名前は……太郎です！　合っていたグループは？　さすがです！　第２問，正解は……江戸時代でした！　第３問……」
④１問20点で点数をつけさせます。高得点のグループを褒めて終えます。

〈○班の答え〉

１　太郎　　２　江戸時代
３　夏　　　４　きつねうどん
５　犬との出会い

対象：低・中・高　時間：45分　準備：ワークシート

5 物語一文交流会

アイテム＆ゲームの紹介

物語教材の授業の第１時に行います。読んだ感想や主題を一文でワークシートに記入します。自分が書いた一文の中にある言葉と同じ言葉を使っている友達，ちがう言葉を使っている友達を探していくゲームです。多様な考え方に気づかせます。第１時と単元終了時の一文を比較させることで読みの深まり度が分かります。

進め方

①（教科書の物語教材の第１時）「先生が一度読みます。このお話はみんなに何を伝えたいか，よく考えながら聞いていてくださいね」（範読する）

②「このお話が伝えたいことは何か，一文でまとめます。そう考えた理由も書いておきます」

下学年は「このお話を読んで感じたことを一文で」「このお話の感想を一文で」，上学年は「このお話は何を伝えたいかを一文で」等のように学年に応じて発問を変化させます。

③「一文を読み合い，友達と同じ言葉，ちがう言葉をメモしておきます」

④「同じところ，ちがうところ，たくさん探せましたね。この一文がどのように変わっていくか学習していきましょう」

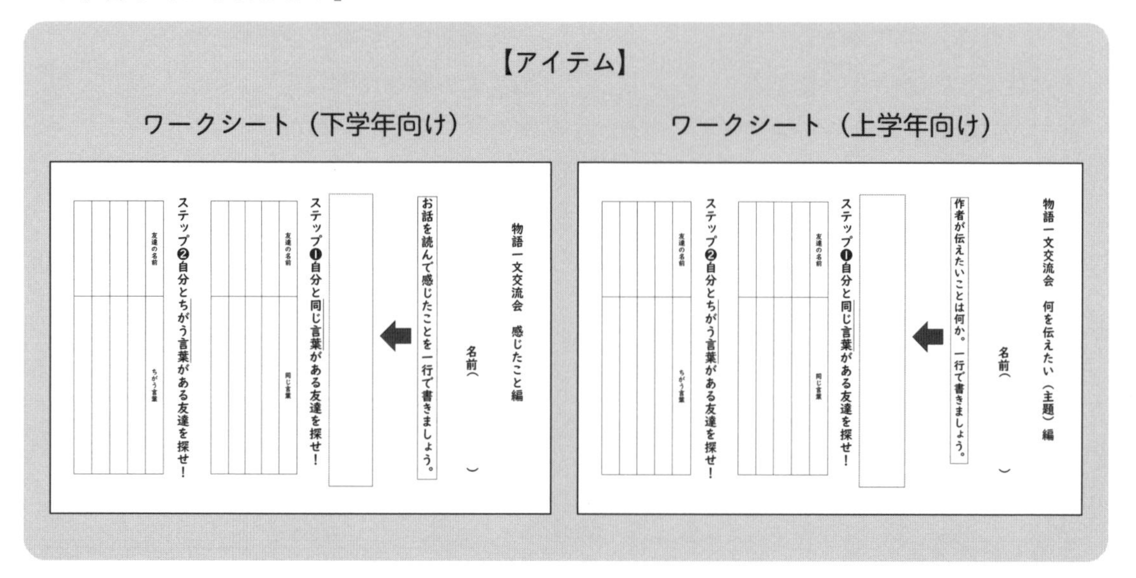
【アイテム】

ワークシート（下学年向け）

物語一文交流会　感じたこと編

名前（　　）

お話を読んで感じたことを一行で書きましょう。

ステップ❶自分と同じ言葉がある友達を探せ！

友達の名前	同じ言葉

ステップ❷自分とちがう言葉がある友達を探せ！

友達の名前	ちがう言葉

ワークシート（上学年向け）

物語一文交流会　何を伝えたい（主題）編

名前（　　）

作者が伝えたいことは何か。一行で書きましょう。

ステップ❶自分と同じ言葉がある友達を探せ！

友達の名前	同じ言葉

ステップ❷自分とちがう言葉がある友達を探せ！

友達の名前	ちがう言葉

対象：中・高　時間：45分　準備：ワークシート

選んでつなげて説明文コンテスト

アイテム&ゲームの紹介

説明文の学習ゲームです。説明文の中から重要だと考える文を5文書き抜きます。お互いに読み合って，だれの5文が説明文の内容をうまく表せているのかを決めます。書き抜くだけなので国語に苦手意識のある子どもも取り組みやすいです。

進め方

①説明文を範読します。
②「今読んだ説明文の中で，『この文は重要だ！　この文がなかったら筆者の言いたいことは伝わらない！』という文を5つ選びます。選んだらワークシートに書き抜きます」
③（書き終えたら）「書き抜いた5文をつなげて読みます。筆者が伝えたいことは分かりますか？　友達とも読み合います」
④「だれの5文説明文が分かりやすかったですか？　発表します」
指名された人は全体の前で発表します。
⑤「これからこの説明文について詳しく学習していきましょう」
単元を終えた後に再度このゲームをすると，読み取りの変容が分かり学びが深まります。

【アイテム】
ワークシート

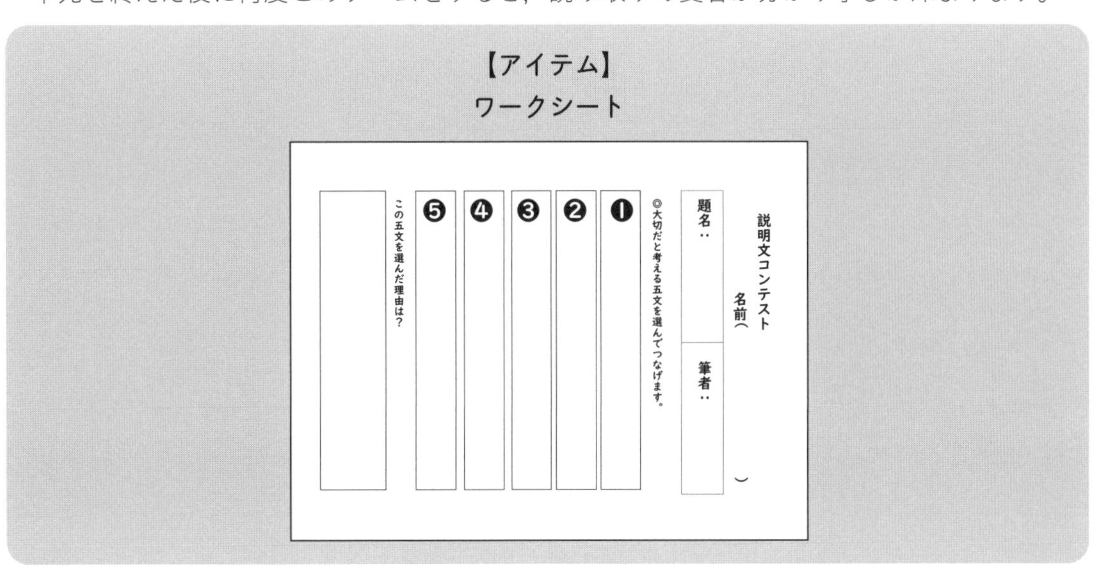
説明文コンテスト
名前（　　　　）
題名：
筆者：
◎大切だと考える五文を選んでつなげます。
❶
❷
❸
❹
❺
この五文を選んだ理由は？

対象：中・高　時間：45分　準備：ワークシート

「起承転結」物語一文コンテスト

アイテム＆ゲームの紹介

「選んでつなげて説明文コンテスト」の物語バージョンです。「起承転結」それぞれで大切な一文を選んでつなげる学習です。物語の中で重要な文を見つける目を養います。この学習も前項と同様に，選んでつなげるだけなので参加しやすいです。

進め方

①物語文を範読します。
　この学習ゲームは子どもたちが何度か読んで内容を理解した状態で実践します。
②「物語を起承転結に分けます」
　段落の番号を振らせた後，物語を４つのまとまりに分けます。
③「起承転結それぞれで，重要な一文を選んでつなげます。絶対に欠かせないという文章を見つけて，つないでいきますよ」（ワークシートに取り組む）
④「つなげた文章を班で発表します。だれの文が物語の魅力を一番表しているかを決めます」
⑤（班代表の作品を発表した後に）「このように，この物語に欠かせない文はどれかを考えて読んでいくと，物語の内容をつかむことができますね」

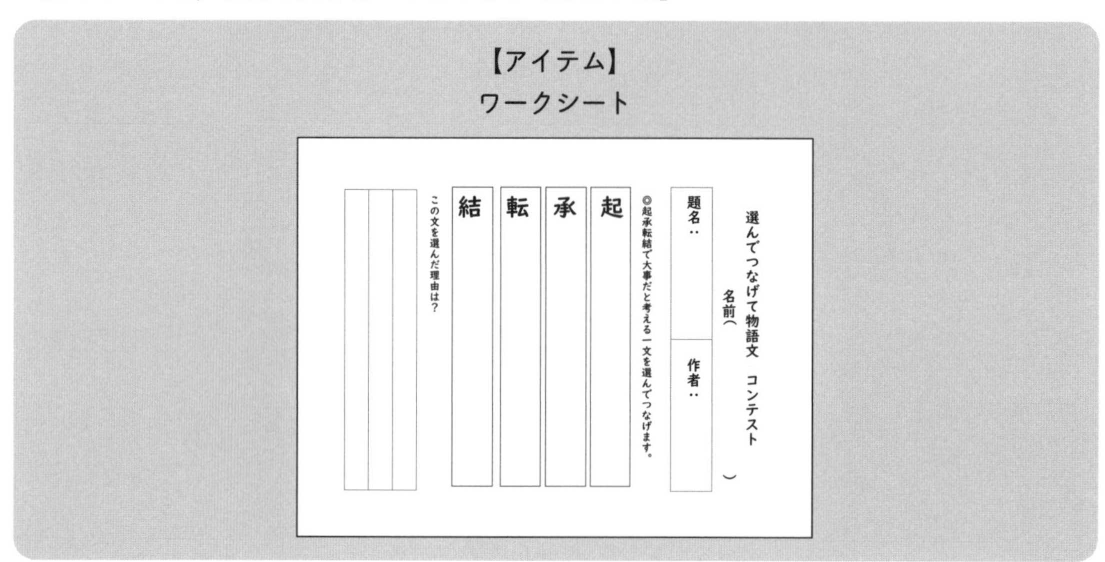

【アイテム】
ワークシート

対象：中・高　時間：45分　準備：ワークシート

8 筆者は何を伝えたい？要旨捉えグランプリ

アイテム＆ゲームの紹介

説明文の要旨を捉える学習ゲームです。50文字コース，100文字コース，150文字コースと分担し，個人で要旨をまとめます。書いた要旨を読み合って，共通している言葉を探っていきます。２回目はコースを変更して取り組ませると学びが深まります。

進め方

①「筆者が文章で取り上げている内容や考えの中心となる事柄を要旨といいます。要旨をまとめるゲームをします。班の中で，50文字／100文字／150文字コースと役割を分担します」

②「ワークシートを使って担当の文字数で要旨を書き進めます。文字数は目安なのでぴったりその文字数になっていなくてもOKです」

③（書き終わったら）「班の友達と読み合います。どのコースにも出てくる共通のキーワードはありますか？　班で話し合って見つけます」

④「共通していたキーワードを３つ発表します。〇班からどうぞ」

どのキーワードを選ぶかで筆者の主張を正確に捉えているか否かが分かります。子どもに書かせる前に，教師自身がどのコースも書いてみることをおすすめします。

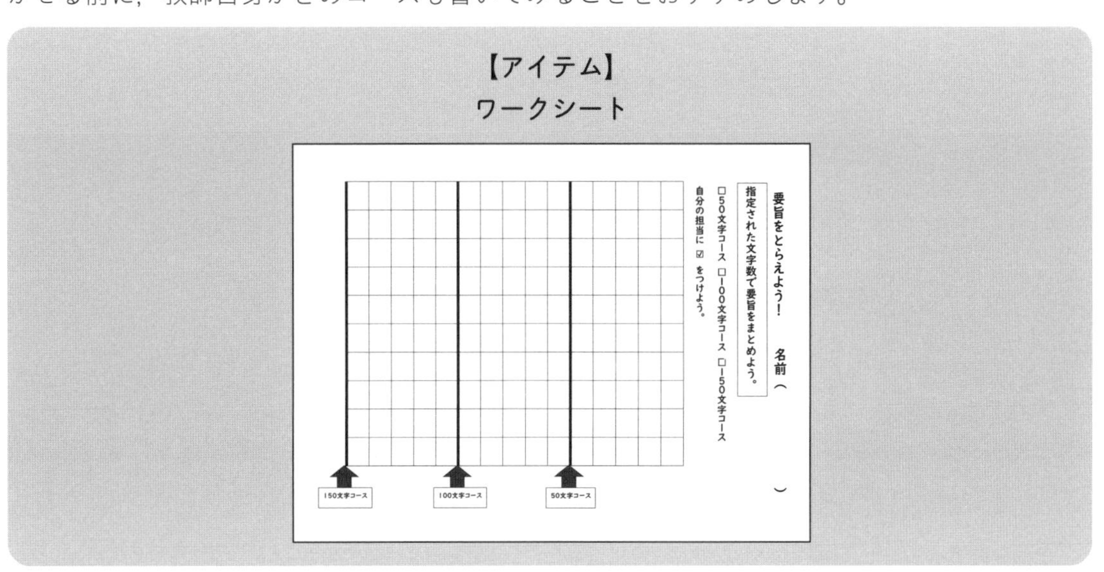

【アイテム】
ワークシート

要旨をとらえよう！　名前（　　　）

指定された文字数で要旨をまとめよう。

□50文字コース　□100文字コース　□150文字コース

自分の担当に☑をつけよう。

150文字コース　100文字コース　50文字コース

対象：中・高　時間：45分　準備：俳句の本，教科書，タブレット端末，A３程度の紙

○○の俳句集めましょう！

ゲームの紹介

テーマに沿った俳句を集めて発表します。グループで俳句を協力して見つけてベスト３を決めます。このゲームのポイントはテーマ設定です。全員が同じテーマの俳句を探してもよいですし，グループごとに別のテーマで俳句を見つけてもよいです。

進め方

①以下のようにテーマを設定し，俳句を探します（１人で調べる→グループで発表）。

・夏の暑さを感じる俳句ベスト３
・ゆきどけの嬉しさが伝わる俳句ベスト３
・海を感じる俳句ベスト３
・きれいな紅葉を感じる俳句ベスト３
・美味しい俳句ベスト３

②「テーマに沿った俳句をグループで集めて，ベスト３を決めます。インターネットで検索してもよいですし，本等から調べてもよいです」
（15分程度時間をとり，A３程度の紙に班のベスト３を書かせる）
③「班のベスト３を発表します。よく聞いて，テーマに一番合った班はどれか投票してもらいます。調べた俳句がテーマに合っているかを考えます」

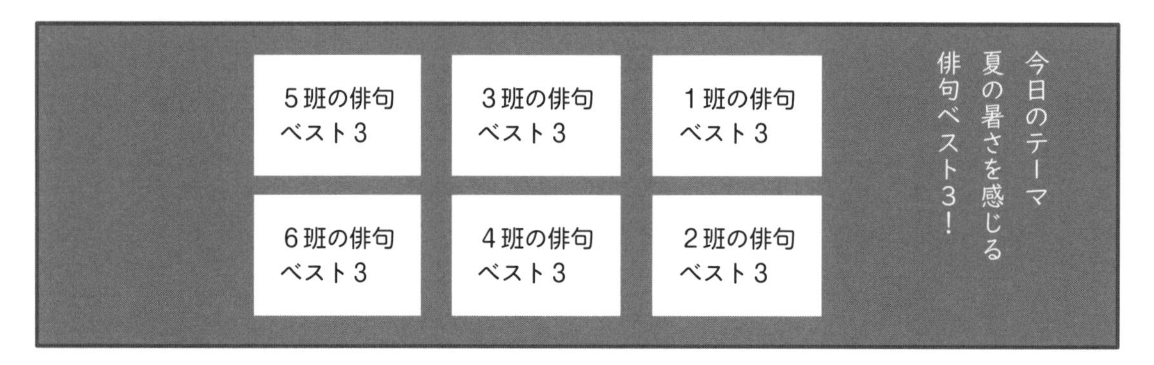

④「最優秀賞は○班です！」
発表が終わったら１人２～３回手を挙げさせて，最優秀賞を決めます。

対象：中・高　時間：20分　準備：タブレット端末等でバラバラ説明文を共有

10 正しく並べ替えろ！ バラバラ説明文

ゲームの紹介

接続語に注目して説明文を正しく並べ替えるゲームです。「まず」「次に」「その上」等の順序を表す言葉を考慮して，バラバラに配置した説明文を正しく並べ替える学習ゲームです。ペアやグループで相談させることで関わりを生みながら学習に取り組むことができます。順序を表す言葉に注目する力がつきます。

進め方

①「説明文がバラバラになってしまいました！　並べ替えをします」
以下のようにバラバラになった文を掲示します。文は各段落の一文目を提示することをおすすめします。

ありの行列（光村図書　三年下）

ア「夏になると、……あります。」
イ「このように、……というわけです。」
ウ「はたらきありは、……帰るのです。」
エ「アメリカに、……います。」
オ「この研究から、……知ることができました。」
カ「はじめに、……おきました。」
キ「そこで、ウィルソンは、……研究してみました。」
ク「次に、……みました。」
ケ「これらのかんさつから、……考えました。」

②「グループの友達と相談して，正しい順番に並べ替えます。どうしてその順番にしたのか理由も話し合います。ノートにグループで考えた順番とそのわけを書いておきます」
（正解はア→エ→カ→ク→ケ→キ→オ→ウ→イ）
③「答え合わせをします。１班から順に並べ替えた答えを発表してください」
④ここでは，９つの文を並べ替えていますが，実態に応じて，並べ替える文の数は変えてください。

対象：高　時間：20分　準備：ぴったり引用グランプリシート

11 目的に合った文章を探せ！ ぴったり引用グランプリ

アイテム＆ゲームの紹介

目的に沿った文章を引用するゲームです。引用する目的に合った文章を選択する力を養います。引用の「」をつけることや出典を明記することの大切さも同時に指導します。

進め方

①「本に書かれていることを文章の中で使うことを引用といいました。引用には３つのルールがありました。１つでも覚えている人はいますか？」
「　」をつける・そのまま抜き出す・出典を示す　を確認します。

②「今日は目的にぴったり合った引用文を探すゲームをします。今回の目的は，“日本のよさを伝える”とします。目的にぴったりな文を図書室の本から探します」

〈目的の例〉
・スポーツの楽しさを伝えたい。
・早寝早起きの大切さを伝えたい。
・本を読むことの大切さを伝えたい。

③「見つけた文章はワークシートに記録します」

④「引用文を班の友達と読み合います。だれの引用が目的にぴったり合っていたかを決めます」
グループでぴったり No.1を決めます。

⑤グループの No.1を順に発表させ，学級 No.1を決めます。

【アイテム】

ぴったり引用グランプリシート

引用グランプリ

名前(　　　　　　　　)

引用する目的

◎目的にぴったり合う引用文を探します。

引用文❶　出典：本の名前＿＿＿＿＿　著者＿＿＿＿　出版社名(　　　　　　)

引用文❷　出典：本の名前＿＿＿＿＿　著者＿＿＿＿　出版社名(　　　　　　)

引用文❸　出典：本の名前＿＿＿＿＿　著者＿＿＿＿　出版社名(　　　　　　)

※引用文は、「　」や　、　。　まで正確に書き写します。

対象：高　時間：20分　準備：選んだ俳句や短歌，ノート

12 色のイメージ話し合いましょう！

ゲームの紹介

俳句や短歌の中で，色が与える効果を考えるゲームです。１つの作品を読んでそこに「出てくる色」「イメージする色」をたくさん出させます。友達と自分の色のイメージの共通点と相違点に気づくことができる学習です。

進め方

①俳句や短歌を板書します。

②「この俳句に出てくる色，読んでイメージする色をたくさん出し合います。まずは１人で見つけます」

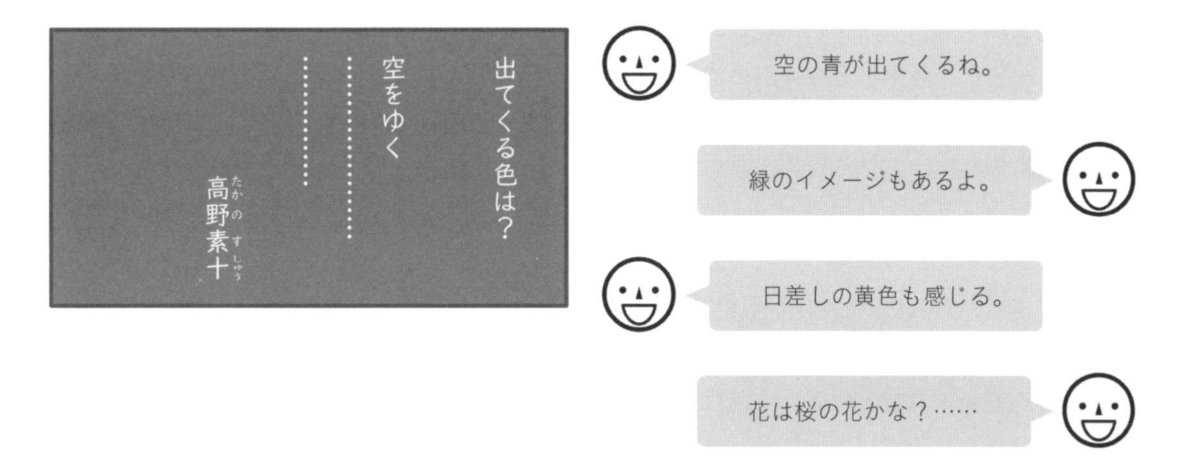

③「この作品にぴったりの色を１つ選びます。ノートに選んだ色とその理由を書きます」

④「教室を歩き回り，書いた文章を友達と交流しましょう」

同じ色を選んだ友達，別の色を選んだ友達をメモします。最後に感想を発表して終えます。

季節ごとに実践すると，多く使われている色の違いに気づくことができます。また，似た作品を２つ掲示し，「どちらが○色を強く感じる？」と発問すると，比較して読ませることができます。

対象：高　時間：45分×２時間程度　準備：ノート，タブレット端末

13 読みが深まるＱを作ろう！物語読み解き問題

ゲームの紹介

物語を読んで読み取り問題を作るゲームです。作った問題をお互いに解き合う時間をたくさん確保します。教師がいかに問題づくりのポイントを伝えられるかがカギです。高学年におすすめの読み取りゲームです。

進め方

①「先生になったつもりで物語を読み解くための問題を考えます。みんなの学びを深めるための問題をたくさん作ります」

〈問題づくりの例〉 ＊光村図書５年「銀色の裏地」を例に
・登場人物は？　・中心人物は？　・中心人物を変える出来事は？
・中心人物に一番影響を与えたのは誰？　・中心人物の心情はどこで変化する？
・何色が出てくる？　・一番大切な色は？
・○○の言葉が△△だったらどうちがう？　・漢字に直すと印象はどうちがう？
・どんなたとえ言葉（比喩表現）が使われている？
・作者はなぜこの題名をつけたのか？　・物語の中で，対比されているのは何？
・この言葉はだれのセリフ？

②「作った問題を共有します」
共有アプリを使うか，黒板に書かせて共有します。

③「友達の問題に挑戦します。だれの問題からでもよいです。あとで答え合わせをしますから，ノートに出題者の名前と答えを書いておきます」

④「問題の答え合わせをします。答えが１つに決まる問題とそうではない問題がありますね。Ａさんの問題から。答えが分かる人？」
答えが分かれる問題が出てくるのでそれについて話し合います。

対象：高　時間：30分　準備：教科書（説明文教材）

14 大切な言葉は繰り返される……説明文キーワード見つけ

ゲームの紹介

説明文に繰り返し出てくるキーワードを探していきます。筆者は読み手に考えを伝えるために重要な言葉を繰り返し使っています。その言葉を見つけていく学習です。段落数，ページ数が多い場合は時間がかかってしまうので，班ごと，号車ごと等，分担します（「１班は１，２段落を探します。２班は３，４段落。３班は……」と担当を決めて行う）。

進め方

①説明文を範読します。分からない言葉は意味調べをします。段落分けし，３つのまとまり「はじめ・中・終わり」に分けます。

②「この説明文ではじめ・中・終わりを通して，繰り返し出てくる言葉は何ですか。近くの人と相談します」

言葉を確定します（ここではそのキーワードを“情報”だとする）。

③「それぞれの段落に“情報”というキーワードは何回出てきますか？　数えます」

長い説明文で段落数が多い場合は分担をして調べさせます。

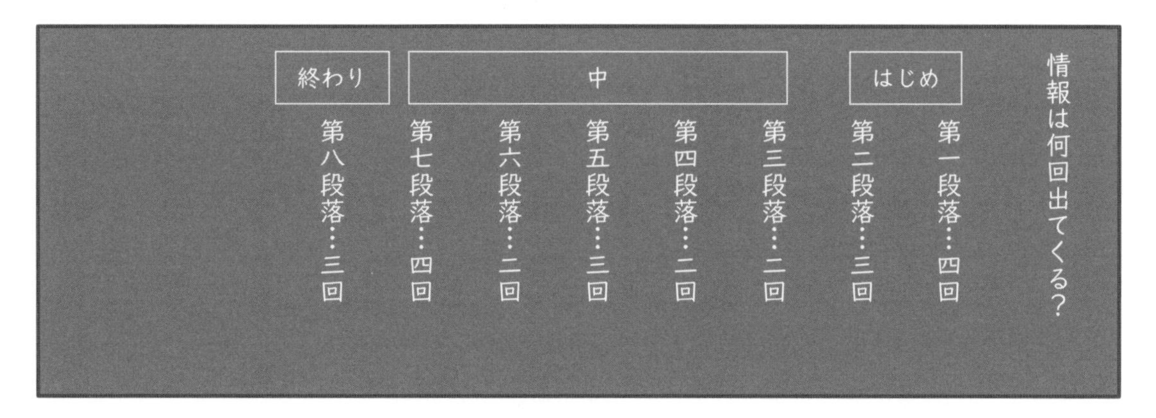

④「答え合わせを踏まえ，もう一度全体で音読します」

その時に自分が担当した箇所を音読させるようにします。「キーワードの部分はいつもの５倍の大きさの声で読みます」と指示を出すと盛り上がります。

⑤「繰り返し出てくるキーワードに着目しながら学習を進めていきましょう」

コラム 2

遊びの要素を授業に取り入れる

遊びの４つの要素

遊びに関する名著にロジェ・カイヨワの『遊びと人間』があります。カイヨワは遊びの要素を４つに分けています。

「すなわち遊びにおいては，競争か，偶然か，模擬か，眩暈か，そのいずれかの役割が優位を占めているのである」

競争……平等のチャンスが与えられている，競う遊び→スポーツ競技，将棋，チェス等
偶然……結果が運に左右される遊び→じゃんけん，すごろく等
模擬……役割，シナリオを模倣する遊び→ごっこ遊び，仮装，演劇等
眩暈……知覚の安定が破壊される遊び→メリーゴーラウンド，ブランコ，スキー等

上記をもとに教室で楽しまれている学級レクを見ていくと遊びの要素がよく分かります。

鉄板のゲームは盛り上がる要素が満載！

学級レクの定番に「なんでもバスケット」というゲームがあります。椅子だけで円を作り（鬼の分の椅子を－1する），鬼が言ったお題に当てはまる人のみが席を移動していく遊びです。座れなかった人は鬼を交代，というシンプルな遊びです。お楽しみ会や雨の日の教室等で行うととても盛り上がります。多くの人が小学校時代に一度はやったことがあるのではないでしょうか。毎年，どのクラスで行っても必ずと言っていいほど盛り上がります。

４つの区分に照らし合わせると，確かに遊びの要素が入っていると考えられます。

競争……学級の全員がもれなく平等に参加できる。移動して素早く座るという競争がある。
偶然……鬼が何を言うかによって運命が決まる。

定番の「ビンゴゲーム」でも同様のことが言えます。こちらは運の要素が強い遊びです。

競争……９マスという平等なチャンスが与えられる。
偶然……くじ引き，または，発表者が何を言うかで運命が決まる。

また，幼児が夢中になって遊ぶごっこ遊びには模擬の要素が，ブランコを激しくこいでどこまで届くか等は眩暈の要素が含まれていると考えることができます。

このように見ていくと盛り上がる遊びには共通の要素が含まれています。

これらの要素を再度整理して，学級レクや授業に取り入れていくことの効果は大きいのではないでしょうか。

Chapter 4

ことばの学習のアイテム＆ゲーム

対象：低　時間：30分　準備：ノート

 間違いを探せ！カタカナ練習ゲーム

ゲームの紹介

単調になりつつある，カタカナの練習もちょっとしたゲーム化をするだけで楽しく取り組むことができます。カタカナを使った短文をわざと間違えた文字を入れて作らせます。カタカナで書かれた言葉の中から間違いを見つけるゲームです。慣れてきたら，制限時間を設けるとより一層，盛り上がります。

進め方

①「カタカナ練習ゲームをします。はじめに，カタカナを使って簡単な自己紹介を書きます」
好きな〇〇ベスト３等，テーマを設定すると書きやすいです。

②「自分が書いた文章の中のカタカナを，１文字だけわざと間違えて書いておきます」

③「４人程度のグループになって１人が書いた文章を机の上に置きます。残りの３人はその文章を読みます。一番先に間違いを見つけた人が１ポイントです」

④グループの全員が終わったら，メンバーをかえて何度か行います。一度書いた文章で繰り返し間違い探しをすることができます。教室内を自由に歩き回って読み合ってもよいです。

〈自己紹介の例〉

わたしがほしいものは三つあります。一つ目はシャッツです。二つ目はセーターです。三つ目は、ネックレスです。

わたしの好きな動物は、キリン、シマウマ、ライオンで、一番好きな動物はキソンです。

わたしの好きな果物ベスト3を発表します。第三位バナナ、第二位メロン、そして第一位はスノカです。

対象：低　時間：15分　準備：ワークシート

2 言葉の仲間外れどーれだ？

アイテム＆ゲームの紹介

言葉の仲間外れを探すゲームです。言葉を分類して整理していく力をつけます。野菜の中に魚，動物の中に植物等，簡単なもので例示をすると意味を理解させることができます。「なるほど！」という分類は大いに褒めて広めていきたいですね。

進め方

①「仲間外れを探します。先生が言う言葉の中に１つ，仲間外れがあります。第１問。なす，さつまいも，たまねぎ，じゃがいも，さんま。仲間外れは？（正解を告げ以下のように板書する）第２問。あか，みどり，あお，あめ，きいろ。仲間外れは？（正解は雨）」

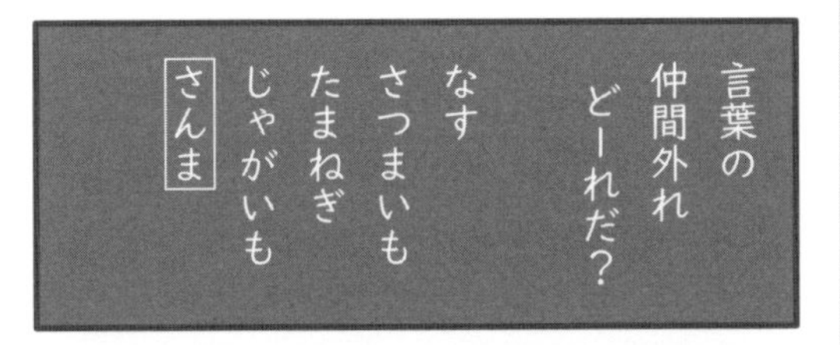

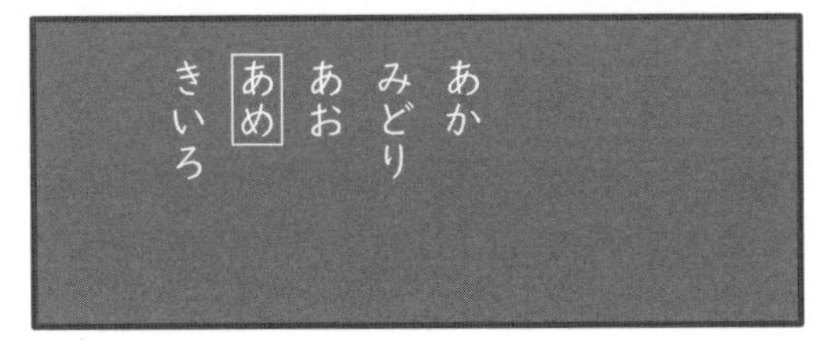

②「このように言葉の仲間外れクイズを作ります」（ワークシートを配る）

③できた問題は解き合います。実態に応じて，音声のみで発表してもよいですし，友達とワークシートを交換して解き合ってもよいです。

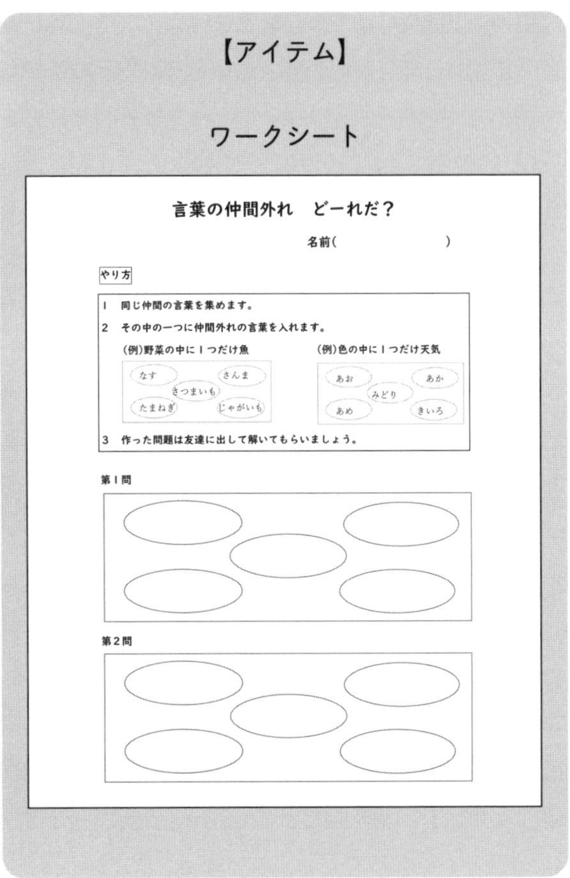
【アイテム】

ワークシート

言葉の仲間外れ　どーれだ？

名前（　　　　　）

やり方

1　同じ仲間の言葉を集めます。

2　その中の一つに仲間外れの言葉を入れます。

(例)野菜の中に１つだけ魚　　(例)色の中に１つだけ天気

なす　さんま　さつまいも　たまねぎ　じゃがいも　　あお　あか　みどり　あめ　きいろ

3　作った問題は友達に出して解いてもらいましょう。

第１問

第２問

対象：低　時間：25分　準備：品物カード用の紙，チケット用の紙

3　言葉を集めて〇〇屋さん

ゲームの紹介

関連する言葉を集めていくゲームです。低学年の児童はお店屋さんが大好きです。はじめは教師がお店を示し，子どもたちに選択させます。２回目以降は，自分でお店屋さんを考えて，言葉を集めさせます。同じお店屋さんで協力して言葉を集めたり，お店屋さんを合体してスーパーマーケットのようにしたりしても楽しめます。

進め方

①「さけ，まぐろ，さば，あじ，いわしは，何屋さんで売っていますか？（「魚屋さん！」）言葉のお店屋さんごっこをします」

②「まずは，自分が何屋さんになるかを決めます」

〈お店の例〉＊はじめは教師が以下のように示し，子どもに選択させる。

・お花屋さん　・八百屋さん　・肉屋さん　・電気屋さん　・ケーキ屋さん
・パン屋さん　・おもちゃ屋さん　・レストラン　・お寿司屋さん　・ペットショップ

③「自分が決めたお店に並べたいものをカードに書きます。１枚のカードに１つの品物を書きます」（最大10枚程度，トランプ程の大きさの紙に品物の名前を書く）

④「廊下側に座っている人，手を挙げます。まずは，その人が店員さんです。机の上に品物カードを並べます」

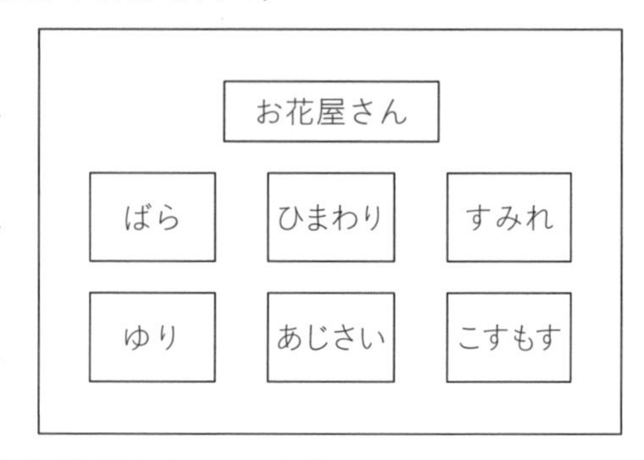

⑤「窓側に座っている人，手を挙げます。その人はお客さんです。品物交換チケットを10枚取ります。１枚につき１つの品物カードと交換できます。お買い物の時間は５分です」
（チケットは色画用紙を名刺程の大きさに切ったような簡単なもので OK）

⑥（５分後）「店員さんとお客さんを交換します」（以下同様に進める）

対象：低　時間：10分　準備：ワークシート

 カタカナタワーを作れ！

アイテム＆ゲームの紹介

友達と協力してたくさんのカタカナ言葉を集めます。「２文字コース」「３文字コース」「４文字コース」「５文字コース」と文字数を決めます。友達と学ぶとたくさん見つかることを体感させます。

進め方

①「カタカナタワーを作ります。２文字の言葉をたくさん集めます。１階には２文字のカタカナ言葉を１つ，２階には２つ，３階には３つ……と増やしていきます」

②「友達と協力して，なるべく高く登りましょう。紙に書く人はペアで交代しながら書きます」（黒板を使って教師と児童で例示をする）

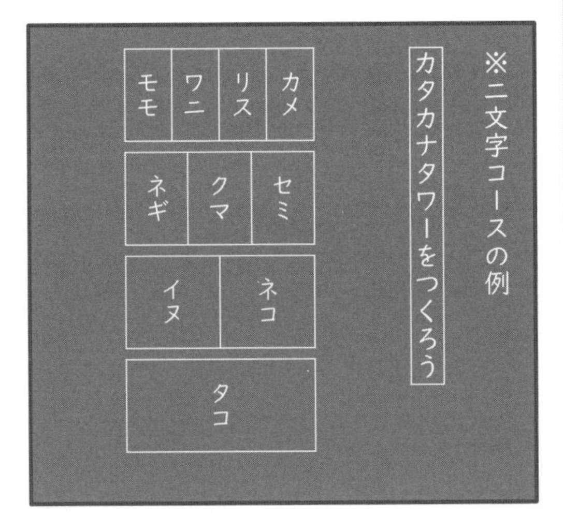

③「制限時間内にカタカナを高く積みかさねられたペアの勝利です」

④たくさん書けたペアを褒めて終えます。１人で取り組んでもよいです。

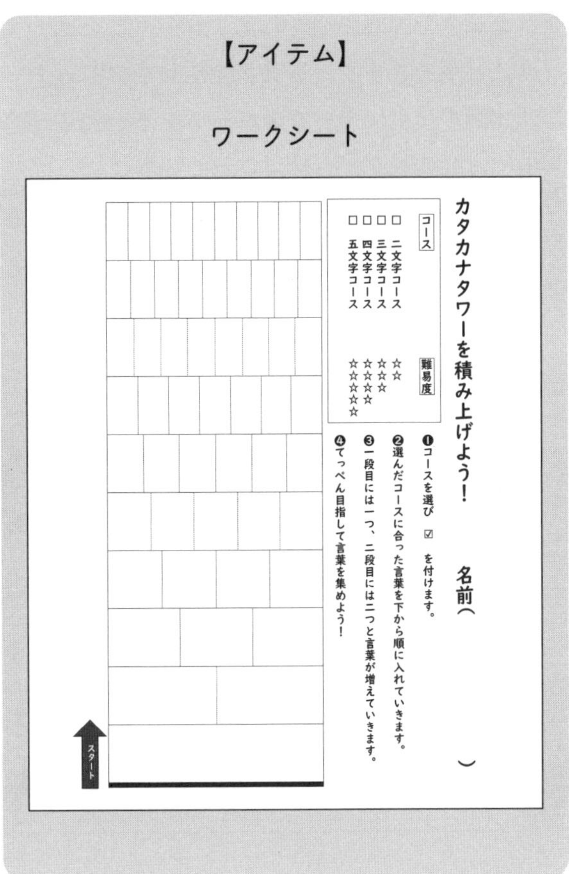

対象：低・中・高　時間：10分　準備：あいうえおカード

5　ひらがなトランプ（神経衰弱）

アイテム＆ゲームの紹介

トランプの神経衰弱の要領で，言葉を探していくゲームです。１対１ではなく，２対２以上で行うことで協力しながら楽しく言葉を探していくことができます。また，団体戦にすることで「わたしはこの辺を覚えるね！」と自然と協力が生まれます。

進め方

①「ひらがな神経衰弱をします。あいうえおカードをグループに１セット配ります。ひらがなが見えないように並べます」
②「２対２で神経衰弱をします。一度に２枚のカードを引いて言葉が完成したらカードをもらうことができます。言葉が完成しなければカードをもとに戻します」
③「10回ずつ引いて多くのカードを取ったチームの勝利です」
④チームで作戦タイムを設けると盛り上がります。チーム戦で行いますが，必ず順番にカードを引かせるのもポイントです。

【アイテム】

あいうえおカード
（四つ切程度の画用紙に印刷して，子どもが切り分ける）

わ	ら	や	ま	は	な	た	さ	か	あ
	り		み	ひ	に	ち	し	き	い
を	る	ゆ	む	ふ	ぬ	つ	す	く	う
	れ		め	へ	ね	て	せ	け	え
ん	ろ	よ	も	ほ	の	と	そ	こ	お

使用例

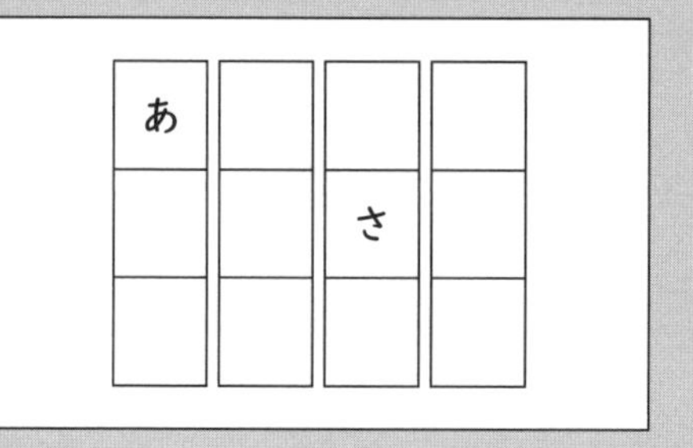

対象：低・中・高　時間：10分　準備：あいうえおカード

6 ひらがなトランプ（ババ抜き）

アイテム＆ゲームの紹介

ババ抜きの国語ゲームバージョンです。１対１で行い，２文字の言葉を見つけていきます。ババ抜きは最後にババを持っていた人が負けとなりますが，本ゲームは，先にあいうえおカードがなくなった人が勝利となります。

進め方

①「国語ババ抜きゲームをします。２人に１セットあいうえおカードを配ります。同じ枚数になるようにカードを配ります。文字が見えないように配りましょう」
②「自分のカードを見て，２文字の言葉ができたら相手に見えるようにカードを出していきます。手持ちのカードで言葉が作れなくなったらゲームスタートです」
③「じゃんけんで勝った人から相手のカードを１枚引きます。引いたカードと自分の手持ちのカードで２文字の言葉が完成したらその場に出していきます」
先にカードがなくなったら勝ちということを説明しておきます。
④「相手も同様にカードを引きます。先にカードが０枚になった人の勝利です」

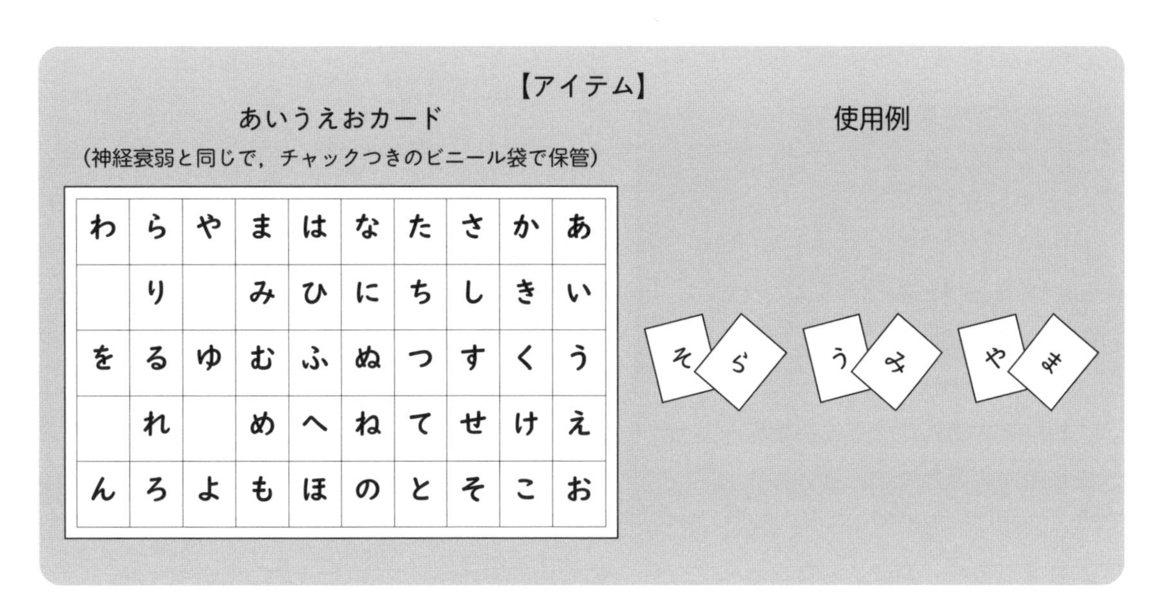

わ	ら	や	ま	は	な	た	さ	か	あ
	り		み	ひ	に	ち	し	き	い
を	る	ゆ	む	ふ	ぬ	つ	す	く	う
	れ		め	へ	ね	て	せ	け	え
ん	ろ	よ	も	ほ	の	と	そ	こ	お

対象：低・中・高　時間：10分　準備：ワークシート

7 どんな言葉ができるかな？言葉探し探検

アイテム＆ゲームの紹介

ひらがなが書かれたマス目問題用紙を見て，言葉を探していくゲームです。たて，よこ，ななめ，様々な角度から見て言葉を探していきます。まずはペアで問題用紙を作る時間，次に問題を解く時間とすることでスムーズに進めることができます。

進め方

①「16マスにひらがなを１文字ずつ書いていきます。同じひらがなは一度しか使えません。16マス埋めることができたらそれが問題用紙になります」

②「問題用紙を交換します。たて，よこ，ななめと，制限時間内にたくさんの言葉を見つけることができた人の勝利です。黒板の先生問題を使ってやってみます」

・たて，よこ，ななめ。それぞれどの方向から読んでもよいこととする。

・下の問題では，あさ，まり，おに，しか，しわ，かつ，こし等ができる。

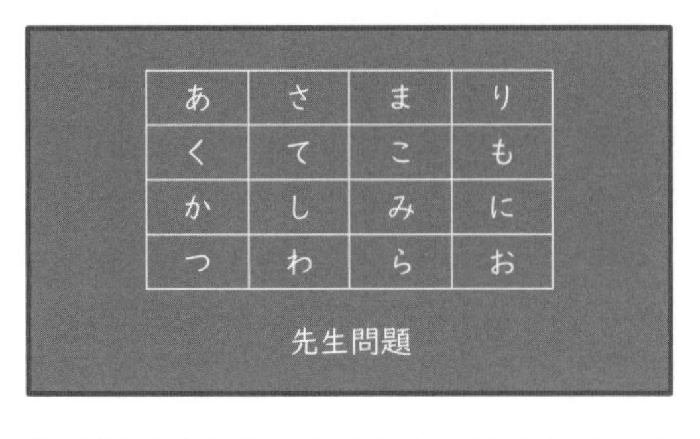

③「制限時間内にたくさんの言葉を見つけられた人の勝ちです。はじめ！」

④マス目は３×３や５×５等，変えて行ってもよいです。漢字でも行えます。

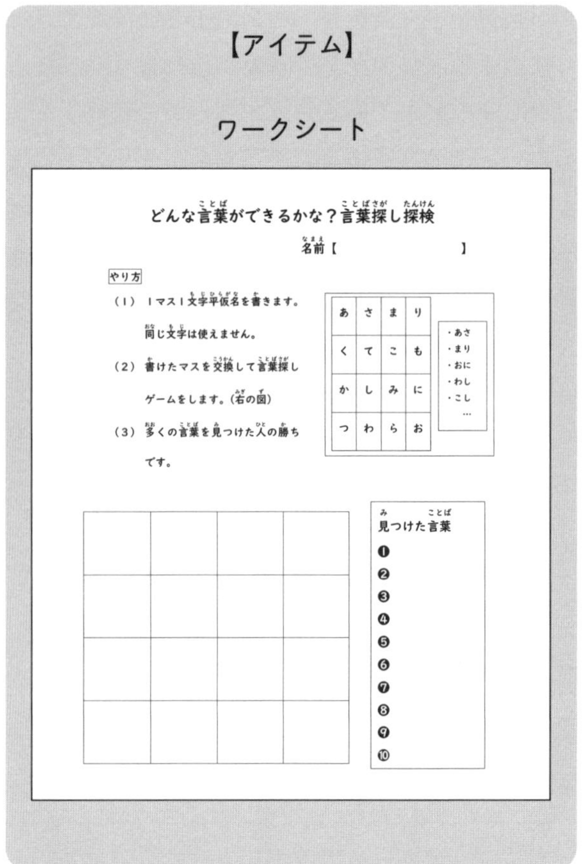

【アイテム】

ワークシート

どんな言葉ができるかな？言葉探し探検

名前【　　　　　　　】

やり方

（1）１マス１文字平仮名を書きます。同じ文字は使えません。

（2）書けたマスを交換して言葉探しゲームをします。（右の図）

（3）多くの言葉を見つけた人の勝ちです。

あ	さ	ま	り
く	て	こ	も
か	し	み	に
つ	わ	ら	お

・あさ
・まり
・おに
・わし
・こし
…

見つけた言葉

❶
❷
❸
❹
❺
❻
❼
❽
❾
❿

対象：低・中・高　時間：10分　準備：ワークシート

オノマトペビンゴ

アイテム＆ゲームの紹介

様々なオノマトペを集めて行うビンゴゲームです。友達の感じ方も知ることができるので，多様な考え方に触れるチャンスにもなります。子どもの中にオノマトペの引き出しが増えていきます。様々なお題を考えて繰り返し楽しみたいゲームです。

進め方

①「“ウキウキ”“ワクワク”“ルンルン”どんな様子を表す言葉？（「嬉しい様子」）
“ビュウビュウ”“ゴーッ”“ヒュウヒュウ”何を表す言葉？（「風の吹く音」）これらのように，様子や状態を表す言葉をオノマトペといいます。今日はオノマトペを使ったビンゴゲームをします」

②「まずはオノマトペを集めます。今回のお題は，“水が流れる音”です。9つのマスにオノマトペを書きます」

③（全員が書けたところで）「水が流れる音。順番に発表していきます」
１号車の列の先頭から順番に１つずつ言ってもらいます。

④「リーチの人は教えてくださいね。いち早くビンゴになった人の勝利です」

〈お題の例〉 動物の鳴き声を表すオノマトペ（ワンワン，ニャーニャー，ヒヒーン等），ポジティブな感情を表すオノマトペ（ドキドキ，ワクワク，スッキリ等），ネガティブな感情を表すオノマトペ（ガーン，しくしく，ピエーン等）

対象：低・中・高　時間：10分　準備：お題の紙，箱，回答用の紙

 集めよう！〇〇といえば△△

ゲームの紹介

「夏といえば海！」「冬といえば雪！」等，「〇〇といえば△△」をたくさん集めるゲームです。お題をくじで引いて，グループで言葉集めをしていきます。たくさんの言葉を集めることができたチームが勝利です。「それ，いいね！」の一言が連続することで，自然と認め合う雰囲気が醸成されます。アイスブレイクにも最適です。

進め方

①「お題BOXから１枚，お題を引きます」

以下にあるようなお題を紙に書いて箱に入れておきます。代表の人に引かせてもよいですし，教師が引いて始めてもよいです。

・春といえば～（夏，秋，冬も同様に）
・動物園の動物といえば～
・人気のアニメといえば～
・人気のゲームといえば～
・子どもに人気の食べ物といえば～
・子どもに人気の職業といえば～
・学校といえば～
・仲良しの友達と行きたい場所といえば～
・言われて嬉しい一言といえば～
・無人島に１つ持っていくとしたら～

②「グループで行います。お題に沿った答えを一人が発表します。聞いている人に“それ，いいね！”と言われたら紙に書くことができます。１枚につき１ポイントです。３分間で何点とれるかを競います」

（３分後）

③「グループで何点取れたか数えます」

書いた紙の数を数えます。

④「点数を確認します。10点以上，15点以上，20点以上……優勝は〇班です」

新学期が始まってすぐや席替えをした後などのアイスブレイクにも最適です。

対象：低・中・高　時間：10分　準備：名刺サイズの紙

10 まぜまぜ言葉づくり

ゲームの紹介

2つの言葉から新しい言葉を生み出すゲームです。2文字と2文字で別の2文字の言葉，3文字と3文字で別の3文字の言葉等，様々なレパートリーが考えられます。対戦方法も1対1や2対2，各列の代表者での対抗戦等，様々に考えられます。

進め方

①教師が2枚のカードを引いて見せます。
「うし と かに，2つの言葉から新しい言葉を生み出します。できた人？」
“しか”“うに”等，言わせてゲームのやり方を理解させます。
②「まずは，言葉カードを作ります。2文字の言葉を1枚に1つ書いていきます」
1人に10枚程度，名刺サイズの紙を配付し，書かせます。
③「書いたカードを班で集めます。1つの山を作ります」
④「順番に上から2枚カードを引きます。引いたカードで新たな言葉を生み出すことができたら1ポイントです」（例示のように一度に2つの言葉が言えたら2ポイントとなる）
⑤グループの中で，まぜまぜ言葉王を決定します。
上記のように個人戦で行ってもよいですが，班対抗の早押しクイズにしても盛り上がります。

〈その他のレパートリー〉

対戦相手の工夫	ルールの工夫
・列ごとに対抗戦（全体で） 1　各列先頭の人が立つ。 2　教師が2枚のカードを引く。 3　言葉を速く言った列に1ポイント。 ・勝ち抜き戦 ・総当たりのリーグ戦	・4文字の言葉2つから別の4文字の言葉 ・4文字の言葉2つから別の2文字の言葉を2つ ・10秒以内に言えたら合格 ・引いた2枚のカードで動物の名前 ・引いた2枚のカードで植物の名前

対象：低・中・高　時間：10分　準備：ワークシート

11 ラッキーナンバーしりとり

アイテム＆ゲームの紹介

マス目用紙を使ってしりとりします。指定されたラッキーナンバーのマス目を取っていくゲームです。頭文字から文字数を考えた言葉をつなげるので言葉の引き出しが増えます。

進め方

①「ラッキーナンバーしりとりをします。指定されたラッキーナンバーのマスに文字を書くことができたら１ポイントです。50マスの中でラッキーナンバーを５つ決めます」
②「今回のラッキーナンバーは，10，20，30，40，50です。１つの言葉で使えるのは５文字までです。ヨーイ，はじめ！」
マス目用紙を使ってしりとりをしていきます（ワークシート「やり方」参照）。
③最後の50マス目を書き終えたところで得点を確認します。
50マス目はぴったり終えるようにします。
④ラッキーナンバーは，「５の倍数」や「７の倍数」等，変化させて遊ぶこともできます。
５つでなくても構いません。
マスが全部埋まった後で，教師がラッキーナンバーを発表する方法も考えられます。

【アイテム】
ワークシート

ラッキーナンバーしりとり

名前【　　　　　　】

やり方
❶１のマスからスタートして番号順にしりとりをしていきます。

1	2	3	4	5	6	7	8	9	10
り	す	い	か	ぶ	と	む	し	か	ま
き	り	ん	ご	り	ら	…			

❷１つの言葉は最大５文字までです。
❸ラッキーナンバーのマスに文字を書くことが出来たら１ポイントです。
ラッキーナンバーは全部で５つです。
❹５０までマスをうめたところでポイントが多い方の勝ちです。
※５０ぴったりで終わるようにします。

1	2	3	4	5	6	7	8	9	10
11	12	13	14	15	16	17	18	19	20
21	22	23	24	25	26	27	28	29	30
31	32	33	34	35	36	37	38	39	40
41	42	43	44	45	46	47	48	49	50

対象：低・中・高　時間：10分　準備：ワークシート

12 発見！あいうえおしりとり

アイテム＆ゲームの紹介

ペアで協力してあいうえお表から言葉を見つけるゲームです。自然とコミュニケーションが生まれます。２文字に慣れたら，３文字でも行えます。しりとりが難しければ「２文字の言葉を見つけよう！」としてもよいです。漢字配当表とマス目用紙で，熟語探しとしても楽しめます。

進め方

①ペアで１枚ずつ，あいうえお表とマス目用紙を配ります。

②「じゃんけんをして勝った人から，２文字の言葉（あか）を見つけて○をつけます。○をつけたらマス目用紙にその言葉（あか）を書いておきます」

わ	ら	や	ま	は	な	た	さ	か	あ
	り		み	ひ	に	ち	し	き	い
を	る	ゆ	む	ふ	ぬ	つ	す	く	う
	れ		め	へ	ね	て	せ	け	え
ん	ろ	よ	も	ほ	の	と	そ	こ	お

③「次の人は，前に書いた人の言葉に続いてしりとりになる言葉（かに）を見つけて○をつけます。マス目にも言葉を書いておきます。見つけられない場合，ペアで協力してよいですからね。時間は７分です。はじめ！」

わ	ら	や	ま	は	な	た	さ	か	あ
	り		み	ひ	に	ち	し	き	い
を	る	ゆ	む	ふ	ぬ	つ	す	く	う
	れ		め	へ	ね	て	せ	け	え
ん	ろ	よ	も	ほ	の	と	そ	こ	お

④１つの言葉につき１ポイントとして得点を集計し，発表させます。

【アイテム】

ワークシート（あいうえお表）

わ	ら	や	ま	は	な	た	さ	か	あ
	り		み	ひ	に	ち	し	き	い
を	る	ゆ	む	ふ	ぬ	つ	す	く	う
	れ		め	へ	ね	て	せ	け	え
ん	ろ	よ	も	ほ	の	と	そ	こ	お

ワークシート（マス目用紙）

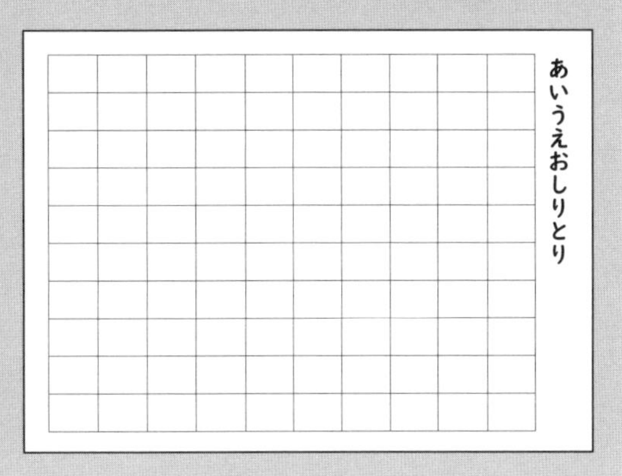

対象：低・中・高　時間：10分　準備：Ａ４程度の紙

13 あの子は何を持っているかな？ 出会い言葉づくり

ゲームの紹介

好きな言葉１文字を紙に書いて教室を歩き回ります。出会った友達と自分の１文字で２文字の言葉を作っていきます。時間内に多くの言葉を作ります。自然と関わりが生まれていきます。

進め方

①「出会い言葉づくりをします。先生が持っている言葉は，“あ”とします。Ａさんの持っている言葉が“め”だとします。先生の“あ”とＡさんの“め”で“あめ”という言葉ができますね。ハイタッチをしたら１ポイントGETです。次の友達を探します。制限時間内にたくさんの２文字言葉を作ります」

②「まずは，自分の１文字を決めます。紙に大きく書いておきます」

③「制限時間は５分です。できた言葉は紙の裏にメモしておきましょう。はじめ！」

④「言葉がいくつできたか聞きます。１つ，２つ，３つ……。10個以上できた人！　拍手をしましょう」

〈その他のバリエーション〉

・３文字の言葉づくり　・４文字の言葉づくり　・カタカナで２文字の言葉づくり
・漢字で２字熟語づくり　・生き物の名前探し

対象：低・中・高　時間：10分　準備：ミニホワイトボード

14 消し消し暗唱ゲーム

ゲームの紹介

２人組になって，ミニホワイトボードに暗唱させたい詩などを写させます（短い作品がよい）。お互いに少しずつ文字を消していき，読めなくなったところで終了です。より少ない文字で詩を音読できたチームが勝利です。

進め方

①「消し消し暗唱ゲームをします。おとなりの人とじゃんけんをして順番を決めます。勝った人は詩の中の文字を消します。負けた人は，消された文字を補いながら音読します。正しく読めたら役割交代です」

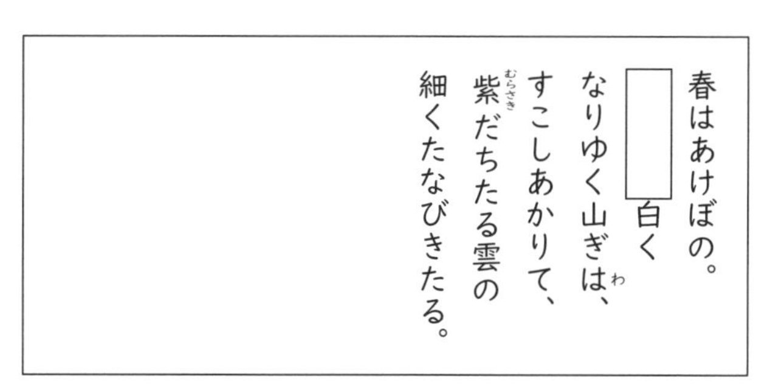

②「次に消す人を交代して，音読をします。正しく読めたら役割交代です。間違えたら再度文字を書き直します」

③「①と②を繰り返します。時間は５分です」

④「残っていた文字で得点を決めます。このゲームは数が少ない方がよい成績です。すべて消して暗唱できたらパーフェクト賞です。残った文字数を数えます」

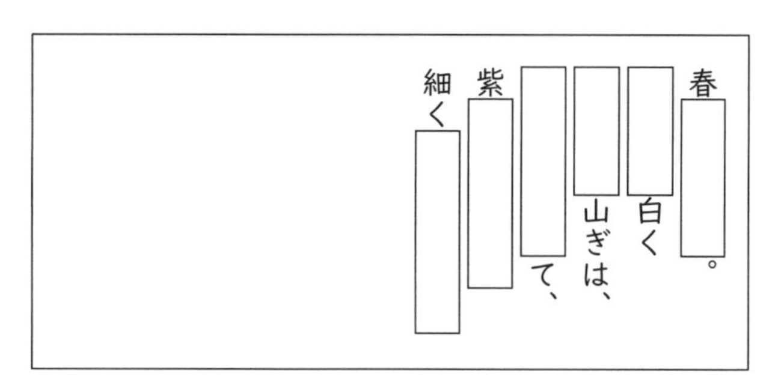

＊左記の場合，10文字残しとなる。０に近いほどよい成績となる。

対象：低・中・高　時間：10分　準備：なし

15 言葉集めリレー
―チョークでバトンをつなげ―

ゲームの紹介

テーマに沿った言葉をグループで協力して，たくさん集めます。チョークがバトン替わりになります。黒板をグループの数で割って使わせます。準備0で楽しく盛り上がるゲームです。

進め方

①（黒板を教室の列の数で分ける）「お題に合った言葉を先頭の1人が書きます。次の人に，チョークを渡します。チョークをバトンにしてリレーします」
　一つのグループで例示をするとよいです。

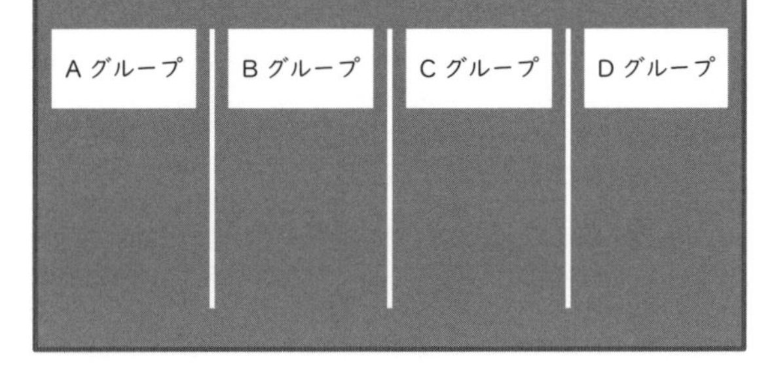

②前の人がチョークを持ってくるまでは席を立たない，チョークは両手で受け取る等のルールを決めておきます。盛り上がってくるとぶつかったり，転んだりする危険があります。
③「制限時間内により多くの言葉を書いたチームの勝利です」（5分程度時間をとる）
④「途中で思いつかない人がいた場合は小声でヒントを出してもOKです。大きな声で言うと，他のチームに聞かれてしまいますからね。
　テーマは，“夏といえば”です。はじめ！」
⑤5分後，言葉1つにつき1ポイントとしてカウントしていきます。
　「今回の優勝は，Aグループです！！！」

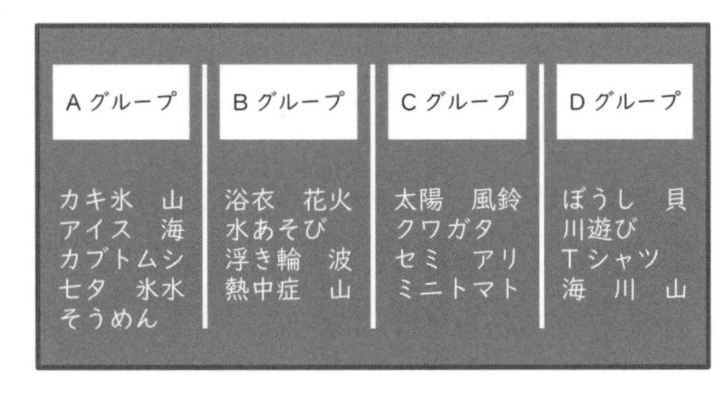

〈お題の例〉
・言われて嬉しい言葉は　・色を表す言葉　・気持ちを表す言葉
・夏の季語といえば　・鳥の名前　・動物の名前

対象：低・中・高　時間：10分　準備：ストップウォッチ

16 早口言葉リレー

ゲームの紹介

早口言葉を列ごとに言っていき，タイムを計るだけの簡単なゲームです。

進め方

①「早口言葉リレーをします。先頭から早口言葉を言っていき，同じ列の全員が言い終えたらゴールです。タイムを計測します」
②「今日のお題は，“生麦生米生卵”です。全員立ちます。練習タイムです。すらすら言えるようになったら座ります」。必ず練習の時間をとります。
③「1列目から順にいきます。ヨーイ，はじめ！」
同様にすべての号車のタイムを計測します。

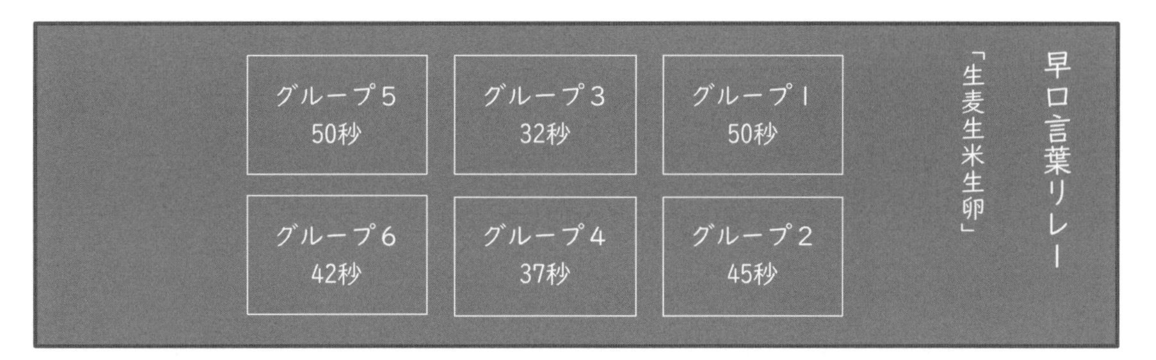

④「今日の優勝はグループ3です！」

〈早口言葉の例〉
・赤パジャマ黄パジャマ茶パジャマ
・赤巻紙青巻紙黄巻紙
・この竹垣に竹立てかけたのは竹立てかけたかったから竹立てかけたのです
・東京特許許可局許可局長の許可
・よぼよぼ病予防病院　予防病室　よぼよぼ病予防法

対象：低・中・高　時間：10分　準備：ワークシート

17 カタカナクロスワード

アイテム＆ゲームの紹介

２文字の言葉を使ってクロスワードを作るゲームです。できたクロスワードを解き合うことで楽しみながら言葉に親しむことができます。ひらがなや漢字でも同様に行うことができるのでおすすめです。学年や学級の実態に応じて様々なバリエーションで取り組んでみてください。

進め方

①十字のマスが書かれたワークシートを配付します。

②「例を参考に矢印の向きに読んで言葉になる２文字を考えます」

下のような例を黒板に書いて，やり方を説明します（答え：マ）。必ず，矢印の向きに読む言葉を作ることを確認します。

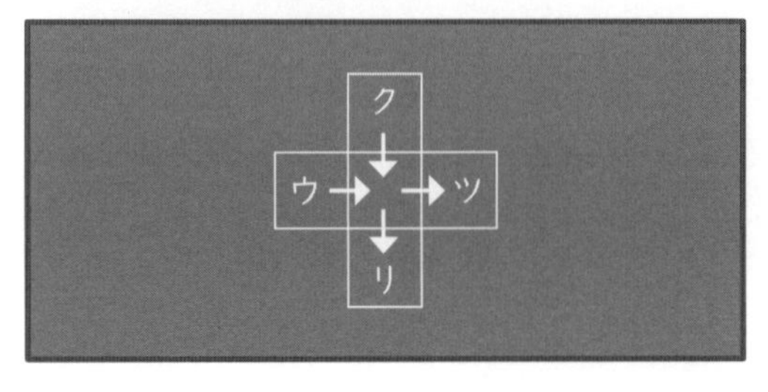

③「ステージは全部で４つあります。矢印の向きに気をつけて完全制覇を目指しましょう。完成したら友達と解き合います。真ん中のマスには文字を入れないでおきます」

④「ワークシートを机の上に置いて立ちます。教室内を歩き回り，５人以上解けたら合格です。答えを確認したい場合は問題を作った人に聞いてみましょう！　はじめ！」

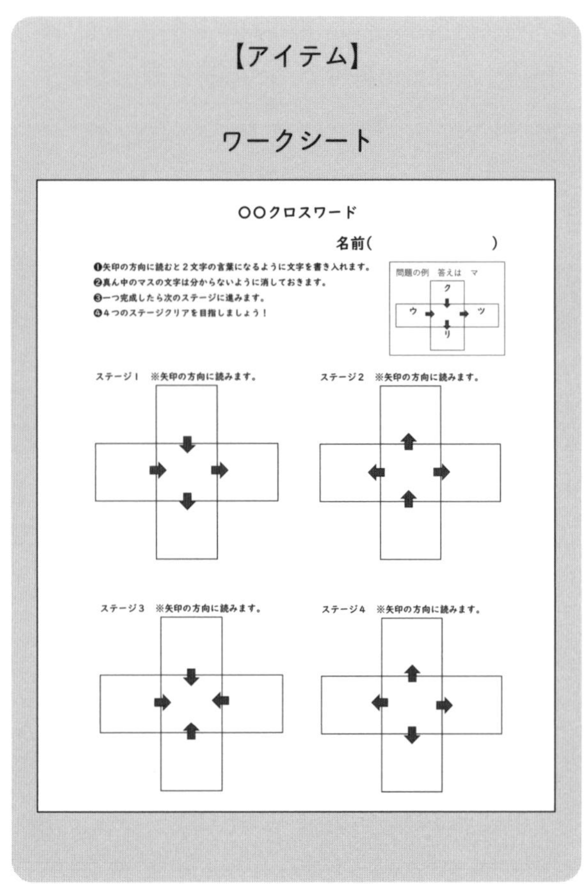

対象：低・中・高　時間：15分　準備：ワークシート

18 一文字変えて別の文に大変身！

アイテム＆ゲームの紹介

「て，に，を，は，へ，も，か」等の助詞を使って様々な文章を作る学習ゲームです。一文字変えるだけで意味のちがった別の文ができる楽しさを学びます。

進め方

①「絵□かく。□に入るひらがな一文字を言える人？（「を」）他にもありますね。言える人？（「に」「も」「で」）その通りです。一文字変えるだけで別の文ができますね。“空□青い”でも同じことが言えますね」

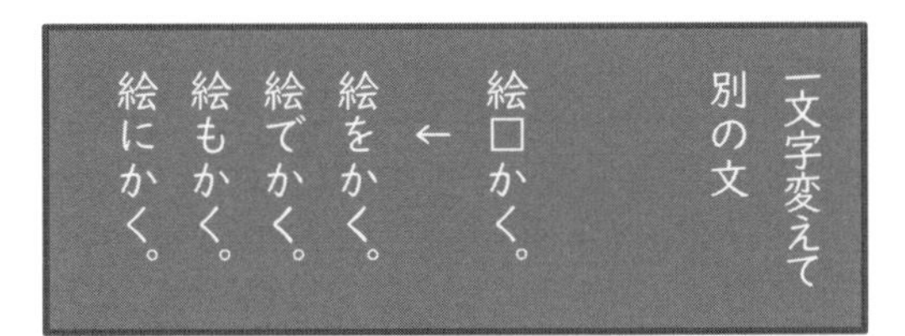

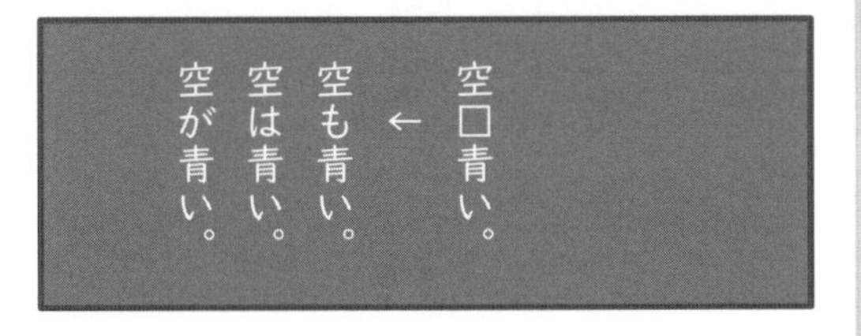

②「このように一文字変えて文を作ります。“絵□かく”の場合，４つの文ができたので４点GETです。一文字だけ変えて，別の文がたくさんできるようにします」

③「できた文を友達と読み合います。たくさんの一文字をワークシートの電車に乗せている友達を探しましょう」

④「上手だなあと思った友達を発表しましょう」

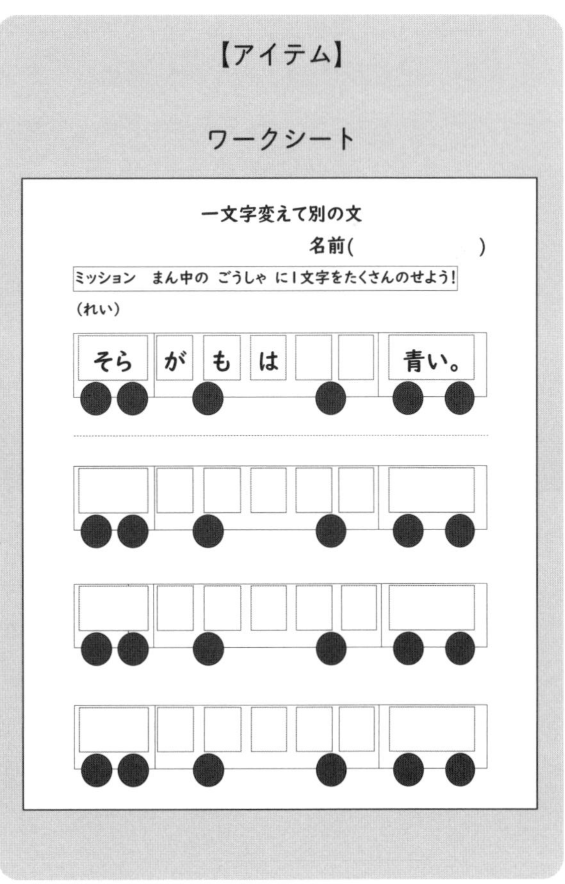

対象：中・高　時間：15分　準備：サイコロ，文を書く紙（班で１枚）

19 サイコロワード作文

ゲームの紹介

サイコロを使って出た目の数の文字数だけを使って作文をするゲームです。班対抗で行います。どれだけ長く作文できるか競ってもよいですし，テーマを決めて作文してもよいです。サイコロを振って文字数を決めることで運の要素も追加され，楽しく作文できます。

進め方

①「班のメンバーで順番にサイコロを振って出た目の数だけ文字が使えます。スタートが“あ”とします。５の目が出たら５文字追加できます。次の人が４の目なら４文字。次の人が２の目なら２文字というように『サイコロを振る→文字を付け加える』を繰り返して作文します。会話文のかぎかっこや句読点も１文字とカウントします」

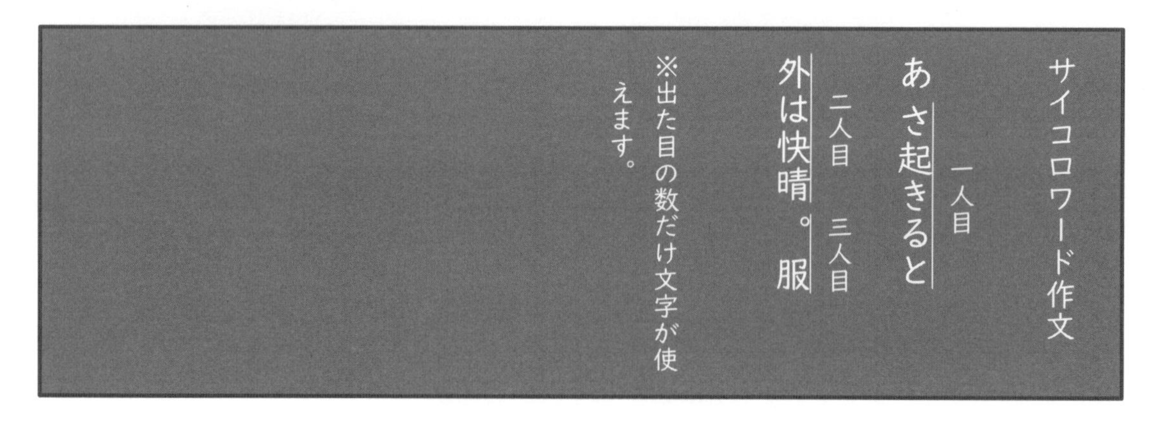

②「班のみんなで協力して長く作文ができたチームの勝利です。ヒントを出してもOKです」（10分程度時間をとる）

③「書けた文章を発表します。１班から順番に発表していきます（意味が分かる文章になっていればよしとする）。一番長く作文できたのは〇班です！　拍手！」

④事前に，だれかがいやな思いをするような言葉は使わないことを指導しておきます。日頃より，「おうちの人に見せられないことを授業中に書くのは止めようね」などと話をしておくとよいです。

対象：中・高　時間：15分　準備：ワークシート

20 名言グランプリ

アイテム＆ゲームの紹介

古今東西，世の中には様々な名言が存在します。お気に入りの名言を集め，それをもとにほんの少し変化させてオリジナル名言を作る学習です。時に迷作？が誕生しておもしろいです。

進め方

①「名言グランプリを開催します。世の中にたくさんある名言を自分流にアレンジします」
②「下の①～⑤の名言のうちどれか一つ選んでやってみます。できた人は発表します」

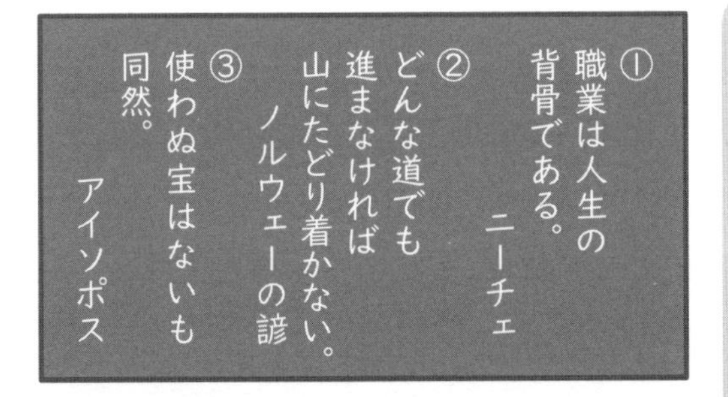

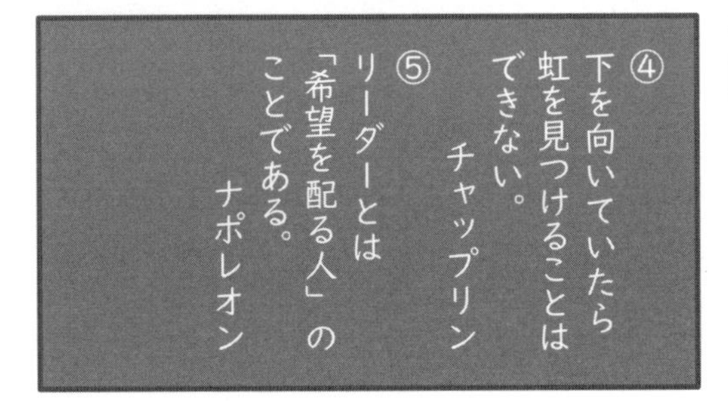

③「自分で名言を調べてやります。ワークシートにはだれの名言かと元の名言を書いておきます」
④「できた名言を友達と読み合います。だれのオリジナル名言が心に響いたか後で発表してもらいます」

【アイテム】

ワークシート

名言グランプリ

名前（　　　　　　）

ステップ1　下の①～⑤の中から1つを選んでオリジナル名言を作ってみよう。

①職業は人生の背骨である。ニーチェ
②どんな道でも進まなければ山にたどり着かない。ノルウェーのことわざ
③使わぬ宝はないも同然。アイソポス
④下を向いていたら虹を見つけることはできない。チャップリン
⑤リーダーとは「希望を配る人」のことである。ナポレオン

選んだ番号	オリジナル名言

ステップ2　自分で名言を調べて作ってみよう。

作った人	
元の名言	
オリジナル名言	

レベル3　だれの名言が心に響いたか。投票して決めよう。

対象：中・高　時間：10分　準備：ワークシート

21 オリジナル数え歌

アイテム＆ゲームの紹介

「いちじく，にんじん，さんしょに……」でお馴染みの数え歌。少し変化させてオリジナルの数え歌を作ります。「いち」から「とう」まですべてをかえることができるか挑戦します。

進め方

①「先生のあとに続いて読みます。いちじく（「いちじく」），にんじん（「にんじん」）……日本に昔からある数え歌と呼ばれる歌です。すべて，四音でできています」
　指で数えながら，四音と四文字のちがいを押さえます。

②「替え歌を作ります。いちじく，変えられる人？（「いんげん」，「いちごに」等言わせる）」

③「“いち”から“とう”まで，替え歌に挑戦します。グループで相談して作ります」

④最後に発表してもらいます。

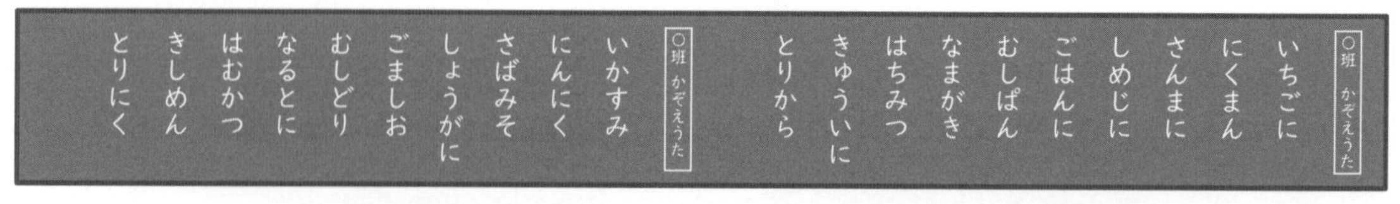

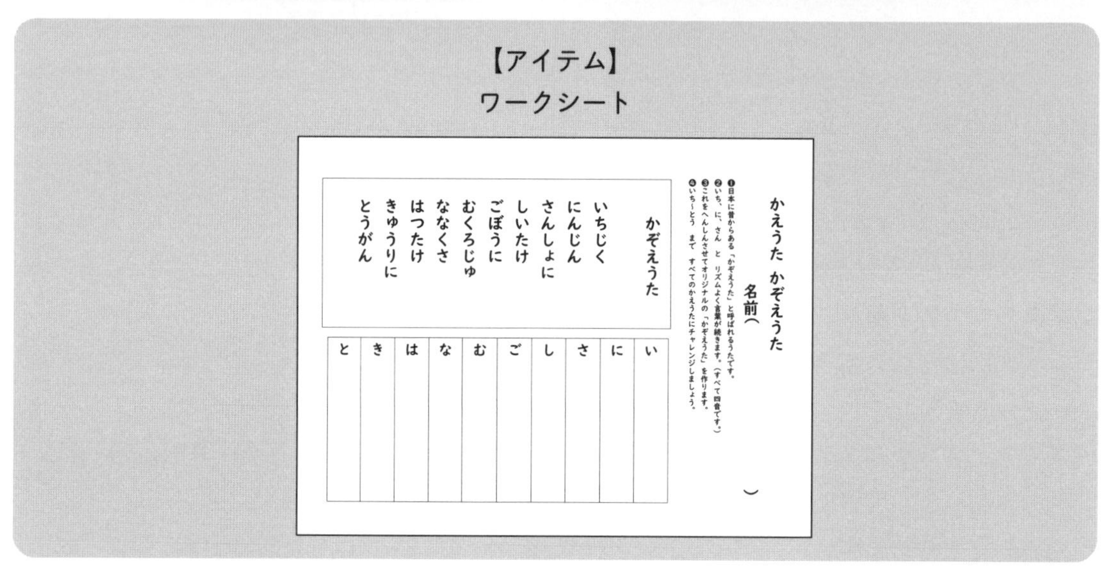

【アイテム】
ワークシート

かえうた かぞえうた

名前（　　　　　　）

❶日本に昔からある「かぞえうた」と呼ばれるうたです。
❷いち、に、さん　と　リズムよく言葉が続きます。（すべて四音です。）
❸これをへんしんさせてオリジナルの「かぞえうた」を作ります。
❹いち～とう　まで　すべてのかえうたにチャレンジしましょう。

かぞえうた
いちじく
にんじん
さんしょに
しいたけ
ごぼうに
むくろじゅ
ななくさ
はつたけ
きゅうりに
とうがん

い	に	さ	し	ご	む	な	は	き	と

対象：中・高　時間：15分　準備：ワークシート，国語辞典，検索用タブレット端末

22 似た意味言葉集め

アイテム＆ゲームの紹介

ことわざ，故事成語，四字熟語などの中から共通の意味をもつ言葉をクイズにします。作って学ぶ，解き合って学ぶ，２種類の活動で楽しくことわざ等を身につけます。セットで作成することで様々な言葉に触れることができます。

進め方

①「似た意味言葉クイズです。□に入る文字，分かる人？　このような問題を作ります」

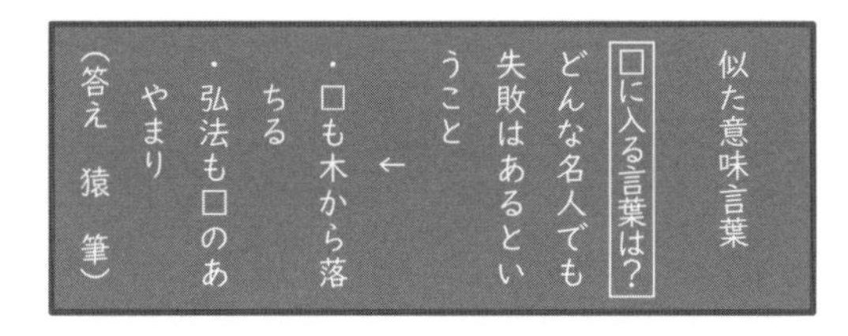

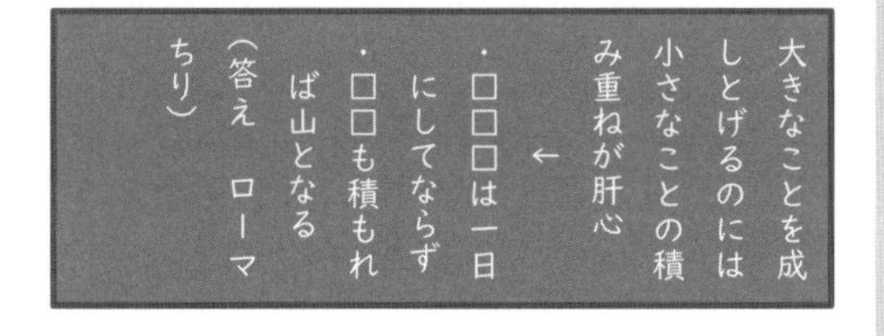

②「共通の意味がある言葉を楽しく覚えていくクイズです。まずは，自分で問題を作ります。答えはワークシートの裏面に書いておきます」

③（作り終えたら）「問題を解き合います。１問正解するごとにポイントが加算されていきます。友達の問題をたくさん解いて，ことわざ＆故事成語名人になりましょう」

④「何人の問題を解いたか発表します」

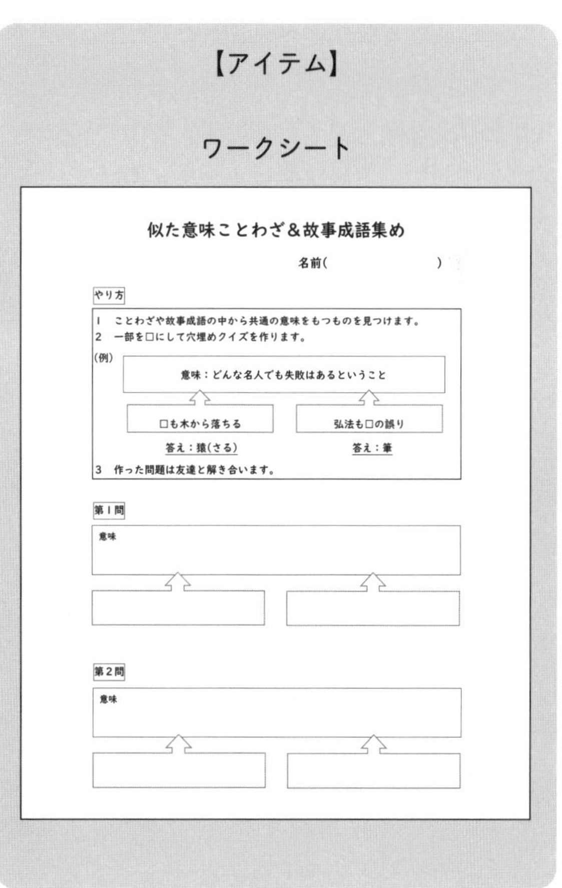
【アイテム】

ワークシート

似た意味ことわざ＆故事成語集め

名前(　　　　　　)

やり方

1　ことわざや故事成語の中から共通の意味をもつものを見つけます。
2　一部を□にして穴埋めクイズを作ります。
(例)
意味：どんな名人でも失敗はあるということ
□も木から落ちる　　弘法も□の誤り
答え：猿(さる)　　答え：筆
3　作った問題は友達と解き合います。

第１問
意味

第２問
意味

対象：中・高　時間：10分　準備：ワークシート

23 熟語バトル
―縦軸と横軸をつないで熟語を作ろう―

アイテム＆ゲームの紹介

表のマス目を使って熟語を完成させるゲームです。表の縦軸，横軸に漢字を書かせ，ぶつかったマスに熟語が完成したら１ポイントです。二字熟語の学習にぴったりのゲームです。ペアで協力してたくさん熟語ができる漢字を考えます。

進め方

①２人に１枚ワークシートを配付します。

②「ペアで相談し，縦の漢字ア〜オ，横の漢字１〜５を決めて書き込みます。一，二，三といった漢数字を使うのは NG です」

③「縦軸と横軸が出会ったマスに二字熟語が完成したら１ポイントです」

④「完成した二字熟語を数えます。優勝は，Aさんと B さんです！」

たくさん見つけられたペアに何の漢字を使ったのか発表させたり，お互いにワークシートを見せ合って完成した熟語を見せ合う活動をしたりします。子どもたちは自然に熟語をたくさん作ることができる漢字に気がついていきます。

⑤１人で行う家庭学習のネタとしても活用できます。

【アイテム】

ワークシート

熟語バトル！！！

ーたてと横が出会ったマスに熟語はあるか？ー

名前【　　　　　　】＆【　　　　　　】

やり方

❶ペアで相談して、たての漢字(ア〜オ)、横の漢字(１〜５)を決めて書き込みます。
（※漢数字を使うのは NG です。）

❷たてと横がすべて書けたらゲームスタートです。

❸たてとよこが出会ったマスに２字熟語が完成したら１ポイントです。

たての漢字（ア〜オ）	横の漢字（１〜５）				
	１	２	３	４	５
ア					
イ					
ウ					
エ					
オ					

対象：中・高　時間：10分　準備：ワークシート，ノート，国語辞典

24 辞書にはなんて書いてあるかな

アイテム＆ゲームの紹介

言葉の意味を予想します。自分の予想と辞書に載っている意味を比べて楽しむゲームです。予想と辞書を比べて同じ言葉がどれくらいあるかで得点を決めます。楽しく言語感覚を養うための活動です。継続して取り組むとより効果があります。

進め方

①「青。辞書にはなんと書いてあるか，予想を書きます。（１分程度後）発表します」数名に予想を発表してもらった後，辞書を引かせて確認します。

②「予想の隣に辞書の言葉を写します。どれくらい同じものがあるかを数えます。同じ言葉が１つあれば１ポイントです。２つあれば２ポイント……ほとんど同じならピタリ賞です」

〈「青」の場合の例〉
予想……空のような色。
辞書……よく晴れた空のような色。
→この場合，「空のような色」が共通しているので１ポイントとなる。

③「色以外も挑戦します。空。辞書にはなんと書いてあるでしょうか。予想しましょう」

④お題の言葉は「夏・冬・川・湖・風・歯・骨」等のほか，熟語でも活動できます。

【アイテム】

ワークシート

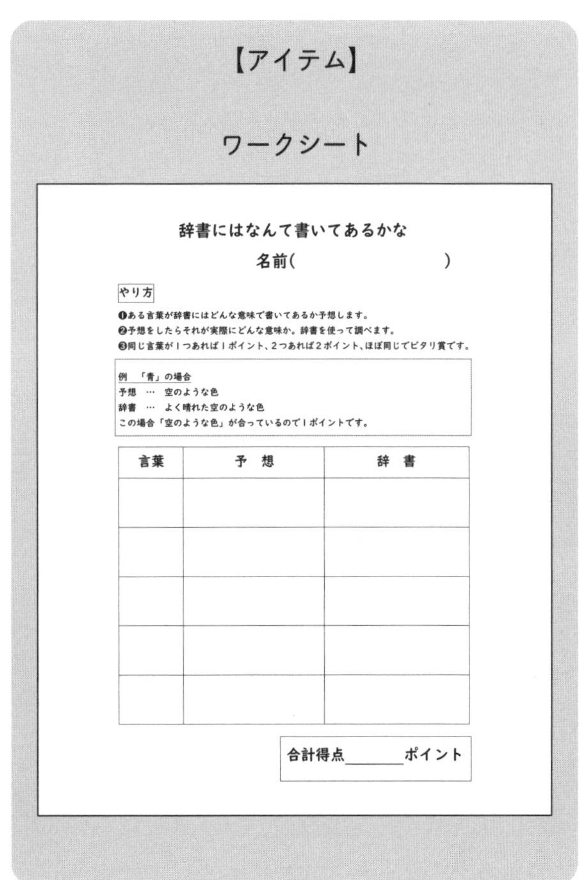

辞書にはなんて書いてあるかな

名前(　　　　　　　　)

やり方

❶ある言葉が辞書にはどんな意味で書いてあるか予想します。
❷予想をしたらそれが実際にどんな意味か。辞書を使って調べます。
❸同じ言葉が１つあれば１ポイント、２つあれば２ポイント、ほぼ同じでピタリ賞です。

例　「青」の場合
予想　…　空のような色
辞書　…　よく晴れた空のような色
この場合「空のような色」が合っているので１ポイントです。

言葉	予　想	辞　書

合計得点＿＿＿＿ポイント

対象：中・高　時間：10分　準備：ワークシート

25 きっとある！言葉の共通点見つけ

アイテム＆ゲームの紹介

思考ツールのベン図を用いて行うゲームです。２つのものの共通点を探し当てます。意外なものの組み合わせでも共通点があることに気づきます。言葉で表現することで，情報処理能力が高まります。繰り返し取り組むことで，ものの見方が豊かになります。

進め方

①「バナナとリンゴの共通点を考えます。A（バナナの特徴）→B（リンゴの特徴）→C（共通点）の順に考えます。パソコンと自動車等，意外なものでも見つけられますね！」

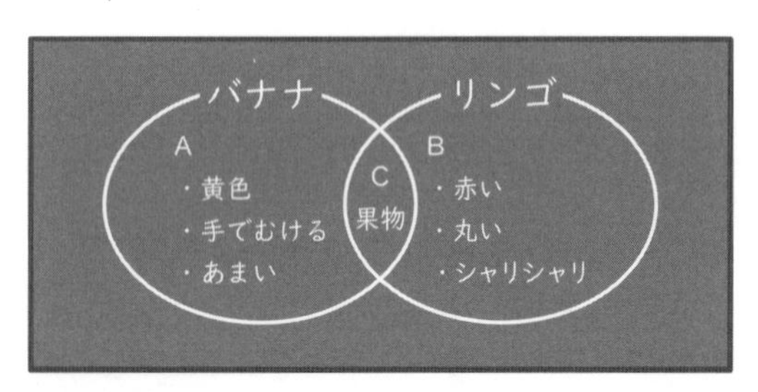

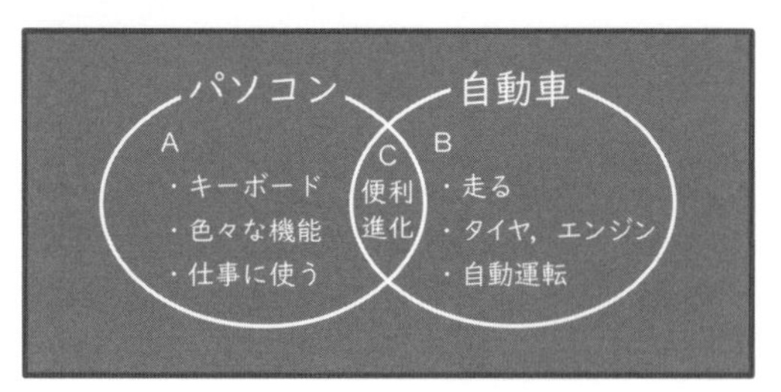

②「ペアで協力してベン図を完成させます」（お題は教師が指定するか子どもに言わせる）

③「Cの部屋の共通点を発表します。いいなと思った言葉はメモします」

④物はリストから選ぶほかに，リスト以外のものから子どもが決めてもよいです。

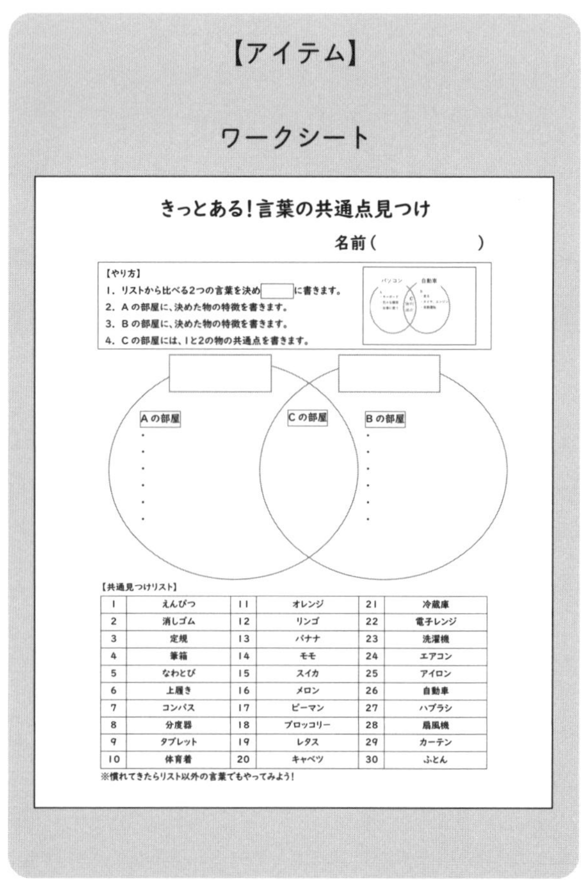

【アイテム】

ワークシート

きっとある！言葉の共通点見つけ

名前（　　　　　　）

【やり方】
1．リストから比べる2つの言葉を決め□に書きます。
2．Aの部屋に，決めた物の特徴を書きます。
3．Bの部屋に，決めた物の特徴を書きます。
4．Cの部屋には，1と2の物の共通点を書きます。

Aの部屋
・
・
・
・
・
・

Cの部屋

Bの部屋
・
・
・
・
・
・

【共通見つけリスト】

1	えんぴつ	11	オレンジ	21	冷蔵庫
2	消しゴム	12	リンゴ	22	電子レンジ
3	定規	13	バナナ	23	洗濯機
4	筆箱	14	モモ	24	エアコン
5	なわとび	15	スイカ	25	アイロン
6	上履き	16	メロン	26	自動車
7	コンパス	17	ピーマン	27	ハブラシ
8	分度器	18	ブロッコリー	28	扇風機
9	タブレット	19	レタス	29	カーテン
10	体育着	20	キャベツ	30	ふとん

※慣れてきたらリスト以外の言葉でもやってみよう！

対象：中・高　時間：10分　準備：ノート

26 □文字変えて別の言葉

ゲームの紹介

1文字変えて新たな言葉を生み出す言葉遊びです。準備不要ですぐにできるので隙間時間におすすめです。長く続けられたペアトップ5を掲示するなどすると意欲が高まります。

進め方

①「1文字変えて別の言葉を作ります」（子どもを指名して“うみ”から続けてもらう）

一文字変えて別の言葉

うみ←みみ←かみ←かに←たに←たな←あな……

②「このように1文字変えて別の言葉を作っていくゲームです。長く続けられるようにします。1つの言葉につき1点です。制限時間内に何点取れたか確認しますからね」
（5分程度時間をとる）

③「やめ！　そこまでです。言葉の数を数えます。5点以上の人，10点以上，15点以上……優勝はAさん&Bさんチームです」

④□文字変えてゲームのその他のバリエーションは以下の通りです。

- 対戦型で行う（Aチーム→Bチーム→Aチーム→Bチーム→Aチーム……負け！）
- 3文字の言葉で1文字変えていくつできるか
- “ん”で終わる3文字の言葉がいくつできるか（みかん→プリン→キリン→みりん……）
- 4文字の言葉で1文字変えて（ぶんがく→おんがく→おんどく……）
- 4文字の言葉で2文字変えて（ぶんがく→ぶんすう→ぶんしん……）

対象：中・高　時間：15分　準備：ワークシート

27 漢字クロスワード

アイテム＆ゲームの紹介

「カタカナクロスワード」の漢字編です。２文字の漢字を使ってクロスワードを作ります。問題を解き合いながら熟語に親しむことができます。学年や学級の実態に応じて，マスの数や矢印の向きをアレンジして行うとゲームの幅が広がります。

進め方

①十字のマスが書かれたワークシートを配付します。

②「漢字クロスワードです。例を参考に矢印の向きに読んで熟語になる２文字を考えます」

例を黒板に書いて，説明します（答え：学)。必ず，矢印の向きに読む言葉を作ることを確認します。

真ん中の漢字を考える問題を作ります。

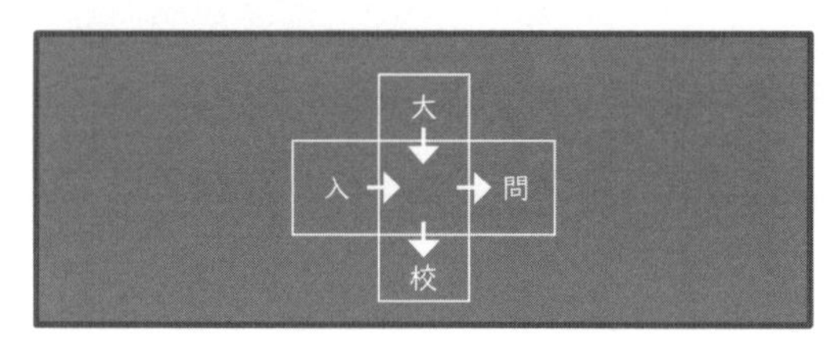

③「ステージは全部で４つあります。矢印の向きに気をつけて完全制覇を目指しましょう。完成したら友達と解き合います。真ん中のマスには文字を入れないでおきます」

④「ワークシートを机の上に置いて立ちます。教室内を歩き回り，５人以上解けたら合格です。答えを確認したい場合は問題を作った人に聞いてみましょう！　はじめ！」

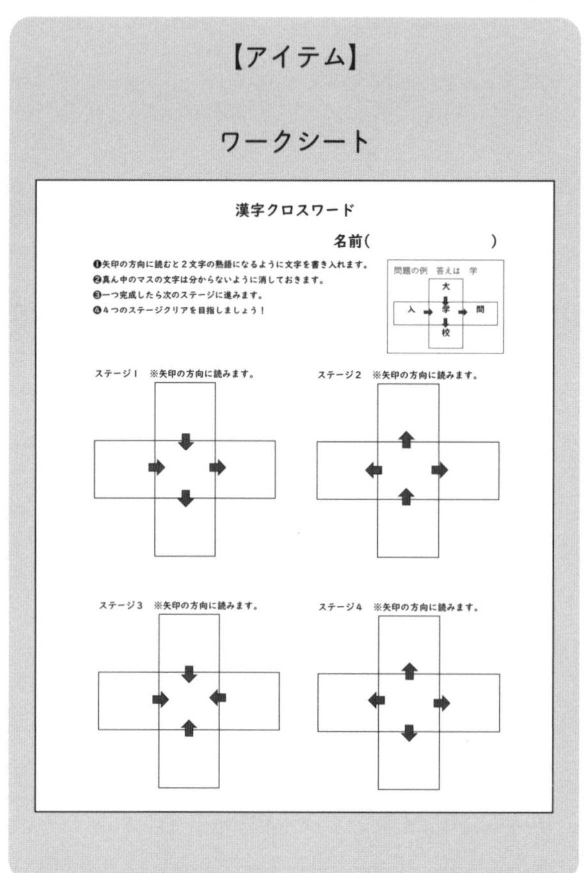
【アイテム】

ワークシート

漢字クロスワード

名前(　　　　　　　)

❶矢印の方向に読むと２文字の熟語になるように文字を書き入れます。
❷真ん中のマスの文字は分からないように消しておきます。
❸一つ完成したら次のステージに進みます。
❹４つのステージクリアを目指しましょう！

問題の例　答えは　学
大
入　学　問
校

ステージ１　※矢印の方向に読みます。

ステージ２　※矢印の方向に読みます。

ステージ３　※矢印の方向に読みます。

ステージ４　※矢印の方向に読みます。

対象：高　時間：45分　準備：教材，ワークシート，国語辞典，ノート

 意味から探せ！どの言葉でしょう？

アイテム＆ゲームの紹介

言葉の意味を読んで教材中のどの言葉の意味かを当てるゲームです。物語文や説明文の単元のはじめに意味調べをさせ，それを活用し言葉当てクイズにしていきます。ワークシートを折って言葉を隠して，意味だけが読める状態で探していきます。

進め方

①（物語や説明文を読み聞かせた後）「意味が分からない言葉を書き出し，調べます」
　調べ学習に使ったワークシートがそのまま問題になります。
②「言葉が見えないように折ります。隣の友達とワークシートを交換します。意味だけを読んで，どの言葉を説明しているのか探していきます」
③「答えは番号順にノートに書いていきます」
④「最後に答え合わせをします。全問正解した人はいますか？」

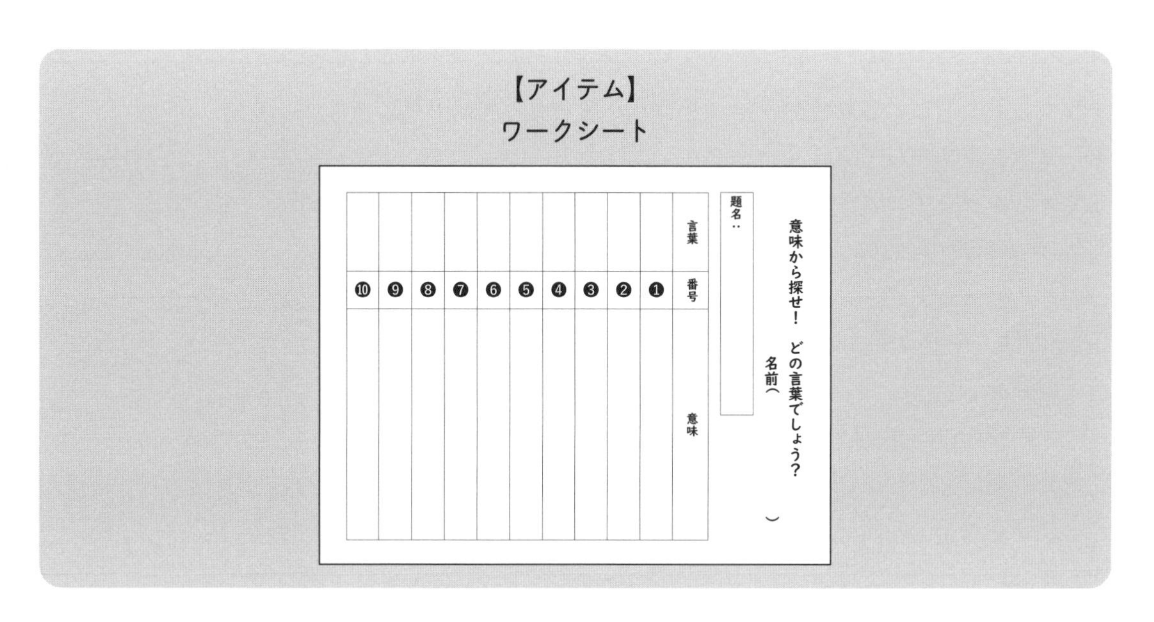
【アイテム】
ワークシート

意味から探せ！　どの言葉でしょう？
名前（　　　　）
題名：

番号	言葉	意味
❶		
❷		
❸		
❹		
❺		
❻		
❼		
❽		
❾		
❿		

対象：高　時間：25分　準備：キャッチコピーの例，ノート，Ａ４程度の紙

29 〇〇キャッチコピー

ゲームの紹介

行事や授業，日常生活にキャッチコピーをつけていきます。インターネットで検索し，企業の広告等をたくさん例示した後に，キャッチコピーづくりに取り組みます。どのキャッチコピーがより人を引きつけるか。みんなで検討していきます。

進め方

①様々なキャッチコピーを例として示します。
②「今日は“修学旅行のキャッチコピー”を作ります」
③「キャッチコピーづくりの５つのコツです。運動会を例に考えます」

・呼びかける型………～しよう／～しましょう
・質問する型…………～か？／～しますか？
・先が気になる型……どうなるのか！
・言い切り型…………見逃せない！／間違いない！
・意外型………………〇〇がない運動会?!

５つの型をもとに運動会のキャッチコピーを次々に言わせていきます。
④「修学旅行で作ってみます」
⑤できたキャッチコピーを紙に書いて発表します。
「修学旅行編のグランプリに輝くのはだれの作品か?!」

〈その他，キャッチコピーをつける場面の例〉

・運動会
・休み時間のレク
・修学旅行
・林間学校
・音楽会
・社会科見学
・夏休み（春休み，冬休み）
・給食

対象：高　時間：10分　準備：万葉仮名一覧表，短冊（A３の紙を縦に２等分したサイズ）

30 万葉仮名クイズ大会

アイテム＆ゲームの紹介

万葉仮名を使って，名前クイズを楽しむゲームです。万葉仮名で名前を短冊に書き，教師が回収します。「この人だ～れだ ?!」と１人ずつ短冊を提示してクイズにしていきます。

進め方

①「昔，日本語の発音を表すために，漢字の音を借りて表していました。万葉仮名といいます。波と留，なんて読むか分かりますか？（夏から冬も同様に）万葉仮名を使って名前クイズを作ります。名前がそのままクイズになります」濁点や半濁点のつく文字は清音を使うこととします。

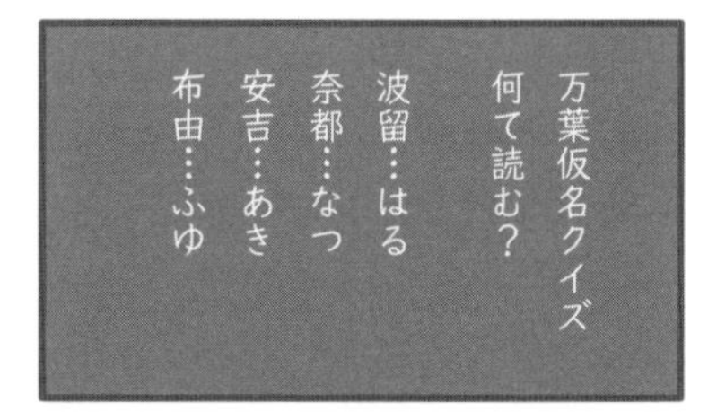

②「万葉仮名一覧表と短冊を配ります。先生の場合，“やまき てつや”ですので，“也末幾 天川也”となります。自分の名前の文字を見つけて当てはめてみましょう！」

③「書いた短冊を先生のところに集めます」

④「万葉仮名クイズ大会です。『也末太 太呂宇』がだれの名前か分かった人は手を挙げます。早押しです」（答え：やまだ たろう）

【アイテム】
万葉仮名一覧表

万葉仮名リスト

无	和	良	也	末	波	奈	太	左	加	安
ん	わ	ら	や	ま	は	な	た	さ	か	あ
	為	利		美	比	仁	知	之	幾	以
	ゐ	り		み	ひ	に	ち	し	き	い
		留	由	武	不	奴	川	寸	久	宇
		る	ゆ	む	ふ	ぬ	つ	す	く	う
	恵	礼		女	部	祢	天	世	計	衣
	ゑ	れ		め	へ	ね	て	せ	け	え
	遠	呂	与	毛	保	乃	止	曽	己	於
	を	ろ	よ	も	ほ	の	と	そ	こ	お

コラム 3

国語×ゲームで 学級の雰囲気を明るく，楽しく，知的に！

楽しい教室の雰囲気が醸成される

子どもは本来，お互いに関わることが大好きです。その証拠に，授業中少しでも間が空くとお話を始めてしまう子はたくさんいます。関わりを求めているのです。休み時間，多くの子どもたちは笑顔です。教室でおしゃべりをしたり，校庭でドッジボールをしたりして思い思いに過ごします。しかし，チャイムが鳴って授業が始まったとたんに，「シーン」。さっきまでの明るい表情はどこへ……。このような経験がわたしには多くあります。

よい意味で休み時間の雰囲気を授業にも持ち込むことができたら……。「人と関わるのって楽しい！」「授業って楽しい！」「学ぶことって楽しい！」と子どもたちに体感させることができるのではないでしょうか。

授業で関わる→休み時間も関わるようになる

また一日を通じて，仲のよい子ども同士だけで過ごす子も多いです。高学年になるにつれてその傾向は顕著です。特定の人と過ごす時間がいけないわけではありません。しかし，各々がもつ，多様な考えに触れるチャンスを逃しているのも事実です。ＡさんとＢさんの２人ではお互いに自分と相手の２通りの考えしか触れることができません。関わる人数が増えれば増えるほど，多様な考えに触れることができます。しかし，何もしなければ（きっかけがなければ）人間関係が広がらないことが多いのではないでしょうか。そのきっかけが授業であると考えます。授業での関わりがきっかけで人間関係が広がっていく。これが理想です。まだあまり話したことがなかったＣさん。「こんな考えをもっていたのだ！」「わたしとＣさんって似ているところがあるかも！」と，授業で関わりのきっかけづくりをすることができるのではないでしょうか。授業での関わりが休み時間での関わりにつながっていく。これほど教師冥利に尽きることはないです。

教師の関わり方が学級の雰囲気を決定する

入学してきたばかりの１年生は，我先に手を挙げ，発言をします。しかし，学年が上がるにつれ，手を挙げることが減っていき，６年生では決まった２，３人がいつも意見を言うだけ……。こんな状況は多くの先生方が経験されているのではないでしょうか。手を挙げて発言した子がいるとします。その子が言った意見をわたしが肯定し，「同じようなことを考えていた人？」と聞きました。すると多くの子が手を挙げました。言いたいけれど，言えない何かがあるのでは？　そして，子どもはなぜ，発言しなくなるのか。それには教室の雰囲気が大きく影響しているのではないでしょうか。間違えたらどうしよう，笑われたらどうしよう，反応がなかったら……など，ネガティブな感情が心の中を支配しているのです。

高学年でも明るく肯定的な雰囲気の学級なら，子どもたちは我先に発言をします。

子どもの心をほぐし，授業へのアイドリングにつながるのもゲームのよさです。

Chapter 5

漢字（言語文化）学習のアイテム＆ゲーム

対象：低・中・高　時間：20分　準備：ビンゴ用紙

　今日のお題は？漢字ビンゴ

アイテム＆ゲームの紹介

漢字とビンゴを組み合わせたゲームです。ビンゴ用紙を配り，お題に沿って書かせるだけで，楽しく漢字を書く練習になります。「もう一度やりたい！」とアンコールが起こる実践です。

進め方

①「漢字ビンゴをします。今日のテーマは，“さんずい”のつく漢字です」
②「“さんずい”のつく漢字を９つ選んでマスに書きます。教科書やドリルを参考にしてもよいです」

〈お題の例〉
・「偏」や「旁」を指定する。
・教科書のページ数を指定する。
（pp. 5～9に出てくる漢字等）
・教材を指定する。
（「ごんぎつね」に出てくる漢字，「やまなし」に出てくる漢字等）
・ドリルのページ数を指定する。
（ドリルの1～3等）
・植物に関する漢字
・動物に関する漢字

【アイテム】

ビンゴ用紙（９マス）

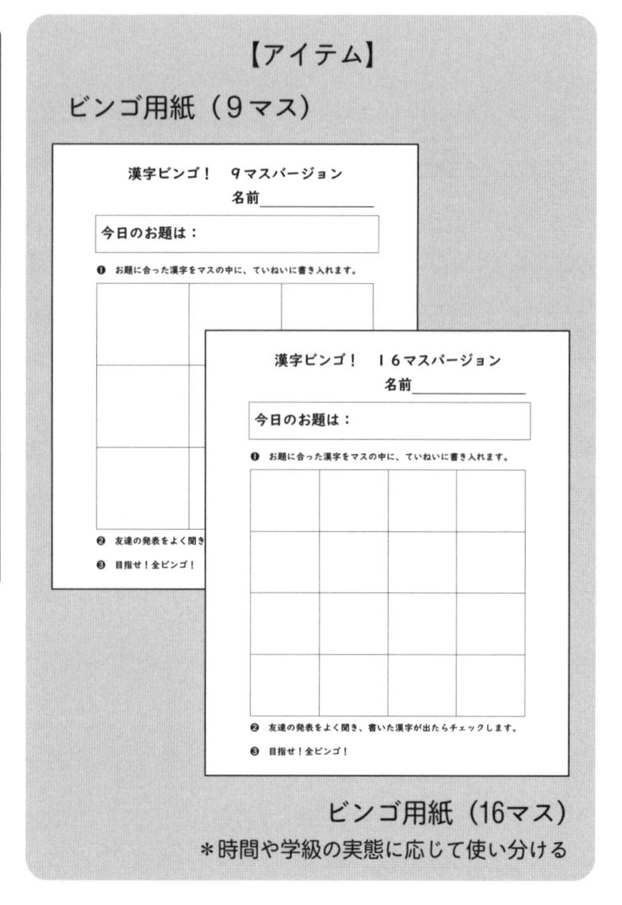

ビンゴ用紙（16マス）
＊時間や学級の実態に応じて使い分ける

③「順番に１人１個ずつ書いた漢字を発表していきます」
（今日は１号車から，次は２号車から等，公平に発表できるように配慮する）
④「いち早くすべてのマスが埋まった人が優勝です」

対象：低・中・高　時間：10分　準備：なし

2 黒板漢字リレー
―チョークでバトンをつなげ―

ゲームの紹介

「言葉集めリレー」の漢字バージョンです。準備０で楽しく盛り上がるゲームです。教科書の巻末に掲載された漢字一覧や漢字ドリルなどを見てもよいこととします。また，教え合ってもよいとすることで自然と関わり合いが生まれます。「画数の少ない漢字が有利だよ！」「わたしは教科書から探すね！」など，チームで作戦も生まれます。

進め方

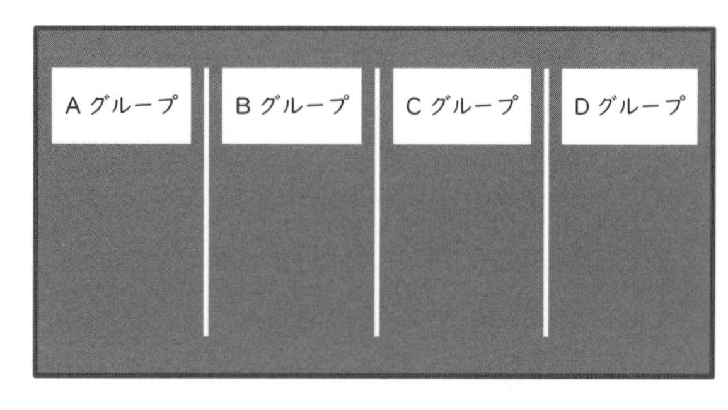

①黒板を教室の列の数で分けます。
「お題に合った言葉を先頭の一人が書きます。次の人にチョークを渡します。チョークをバトンにしてリレーします」。一つのグループで例示をするとよいです。

②前の人がチョークを持ってくるまでは席を立たない，チョークは両手で受け取る等のルールを決めておきます。盛り上がってくるとぶつかったり，転んだりする危険があります。

③「制限時間内により多くの言葉を書いたチームの勝利です」（５分程度時間をとる）

④「途中で思いつかない人がいた場合はヒントを出しても OK です。大きな声で言うと，他のチームに聞かれてしまいますからね。テーマは，“さんずい”のつく漢字です。はじめ！」

A グループ：清 湖 涼 深 海 湯 油
B グループ：泳 浮 浴 河 治 潟
C グループ：潮 流 涼 酒 漢 江 海 清
D グループ：泳 決 浴 消 波 泳

⑤５分後，言葉１つにつき１ポイントとしてカウントしていきます。
「今回の優勝は，Ｃグループです！！！」
黒板に書かれた字を採点します。黒板の文字ですので，一画足りない，偏がちがう……等，明らかにちがう文字以外は多めにみることを伝えます。お題は「ごんべんのつく漢字」「きへんの漢字」「くさかんむりの漢字」「しんにょうのつく漢字」等，様々行うことができます。熟語リレーとしても盛り上がります。

対象：低・中・高　時間：5分　準備：プレゼンテーションソフト，ノート，A3の紙

3 漢字フラッシュ暗記ゲーム

ゲームの紹介

プレゼンテーションソフトを活用したゲームです。画面に映し出された漢字を時間内に覚えて再現するゲームです。2文字，4文字，8文字，16文字と覚える漢字の数を増やしていきます。ペアやグループで行うと自然と協力が生まれます。

進め方

①「画面に映し出された漢字を覚えます。時間は10秒です。
（10秒後）はい，漢字をノートに書きます。発表できる人？
（「校と国です」）正解です。お見事！」

②「次は4文字です。時間は10秒。はじめ。（10秒後）はい，ノートに書きます。言える人？」
③「8文字に挑戦です。はい。（覚えられない子が続出する）ここからはグループで協力して行います。工夫して覚えてくださいね」
④「次に，16文字に挑戦です。超難問なので作戦タイムをとりますね。（1分程度時間をとる）それでは，いきます。はじめ！」

〈子どもの作戦の例〉
・行ごとに覚える。
・画面を4分割して覚える。
・漢字が得意な人が画数が多い漢字を担当する。

格	門	東	合
受	赤	大	験
適	別	教	技
育	個	最	術

⑤「16文字すべて分かりますか？　話し合って白い紙に書いてごらん。書けたら黒板に貼りにきます」
最後に答え合わせをして終えます。2回目以降は16文字の暗記からスタートします。2人組や3人組等，人数を変えて行ってもよいです。

対象：中・高　時間：20分　準備：名刺サイズの画用紙１人10枚程度

漢字トランプ（ババ抜き）

ゲームの紹介

ひらがなと同様に漢字でもトランプゲームができます。まずは，ババ抜きです。グループの中で漢字を書いたカードを均等に配付し，熟語を作っていくゲームです。熟語を作る時に，２文字だけではなく，３文字熟語や４文字熟語を可としても一発逆転がねらえておもしろいです。

進め方

①「１人に10枚程度行きわたるように，画用紙（名刺サイズ）を配ります」
まずはカードの準備をします。

②「カード１枚につき，漢字一文字を書きます。班の全員が書けたら，重ねてよく切ります」
書く漢字は，範囲を指定してもよいですし，しなくてもよいです。

③「カードを同じ枚数ずつ配ります。配られたら，２字熟語になったカードを出していきます。熟語が作れなくなったらゲームスタートです」

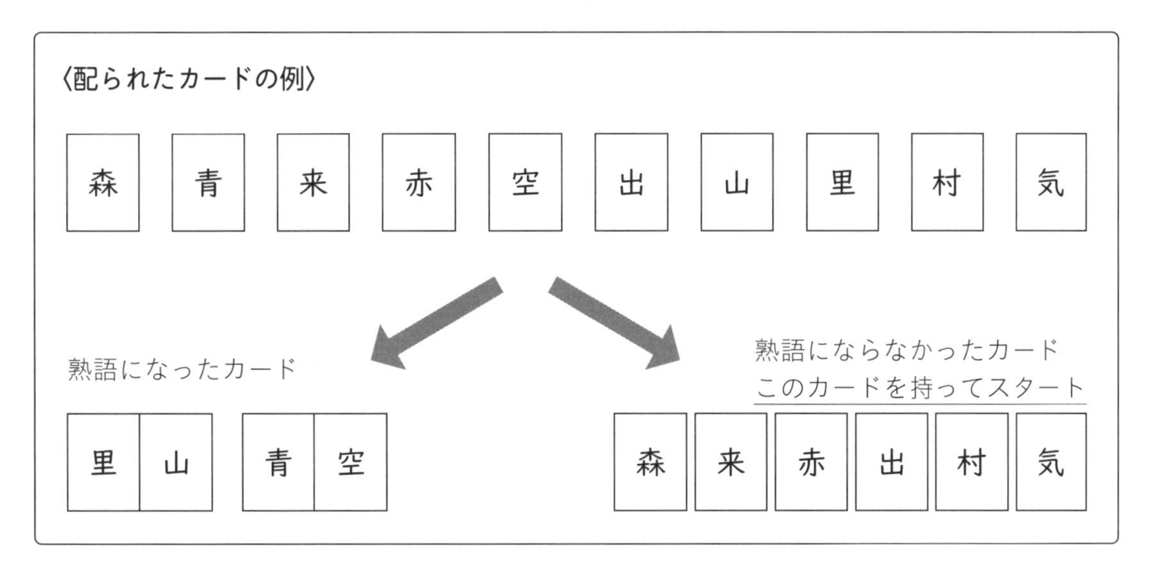

④「カードがはやくなくなった人が勝利です」
２対２のチーム戦で行っても盛り上がります。

対象：中・高　時間：20分　準備：漢字トランプ（ババ抜き）で使用したカード

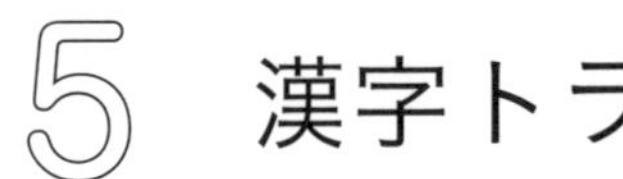

5 漢字トランプ（神経衰弱）

ゲームの紹介

漢字トランプ（ババ抜き）で使用したカードをそのまま使えます。トランプの神経衰弱の要領で，１人が２枚ずつカードをめくります。２字熟語ができたらそのカードを獲得することができます。制限時間内に多くのカードを獲得した人の勝利です。このゲームも２対２で対戦することで協力場面を生み出すことができます。

進め方

①「漢字神経衰弱をします。机を班の形にします。漢字カードを，文字が見えないように机の上に並べます」

②「カードを２枚引き，２字熟語が完成したらカードが GET できます。熟語ができなかったら，もとに戻しておきます」

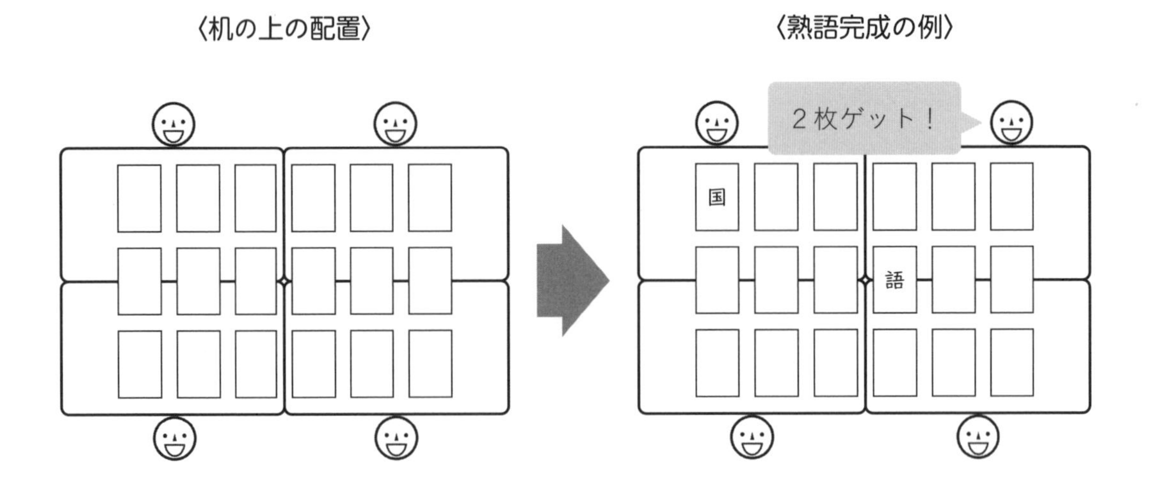

③トランプの神経衰弱と同様に進めます。

④「制限時間内に多くのカードを獲得したチームの勝利です」

対象：中・高　時間：10分　準備：なし

 ぴったり漢字選手権

ゲームの紹介

漢字の語感を高めるゲームです。出されたお題に一番ぴったり当てはまる漢字を選んで発表するシンプルなゲームです。最後に一番お題に合った漢字はどれかを挙手で決定します。

進め方

①「春といえばこの漢字一文字，何？（「桜，暖，花，風，温，虫」等，発表させ，板書していく）一番春を感じる文字は何ですか？（手を挙げて確認する）〇年〇組の春を表す漢字は桜です。このようにぴったりな漢字を決めるゲームです」

②「今回のお題は“楽しくなる漢字一文字”です。ただし，“楽”という字は使えません。理由も一緒に書きましょう。まずは，１人で５分間考えます」

〈お題の例〉
・新学期にぴったりの漢字一文字
・春／夏／秋／冬といえばこの漢字一文字
・明るくなる漢字一文字
・ほっとする漢字一文字
・勇気が出てくる漢字一文字

③「グループで考えた漢字を伝え合います。グループでぴったりの漢字 No.1を選び，代表者が黒板に書きにきます」

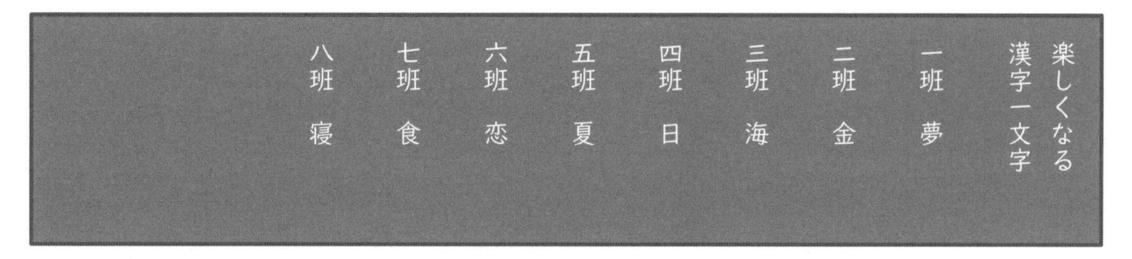

④「１人２回手を挙げて，No.1ぴったり漢字を決めます」

対象：中・高　時間：10分　準備：ワークシート，国語辞典

漢字画数ピラミッドを脱出せよ！

アイテム＆ゲームの紹介

画数に注目して漢字を集めるゲームです。ピラミッド型のワークシートで見つけた漢字を可視化していきます。１人では見つけられないマスも教え合って埋めるようになります。学年の実態に応じてピラミッドの段を増やしたり減らしたりして行ってください。

進め方

①ワークシートを配付します（ワークシート第１章の場合）。

②「ピラミッドの頂上，１画の漢字を書きます。その下２画，その下３画……のように漢字の数を増やしていきます」

③「一番下のマスまで埋められれば脱出成功です！」

④以下のようにレベル分けしても面白いです。

〈レベル表〉

レベル１
漢字辞典あり・友達と

レベル２
漢字辞典あり・一人で

レベル３
漢字辞典なし・友達と

レベル４
漢字辞典なし・一人で

⑤ワークシートは第１章～第３章まであります。学級の実態に応じて使い分けます。

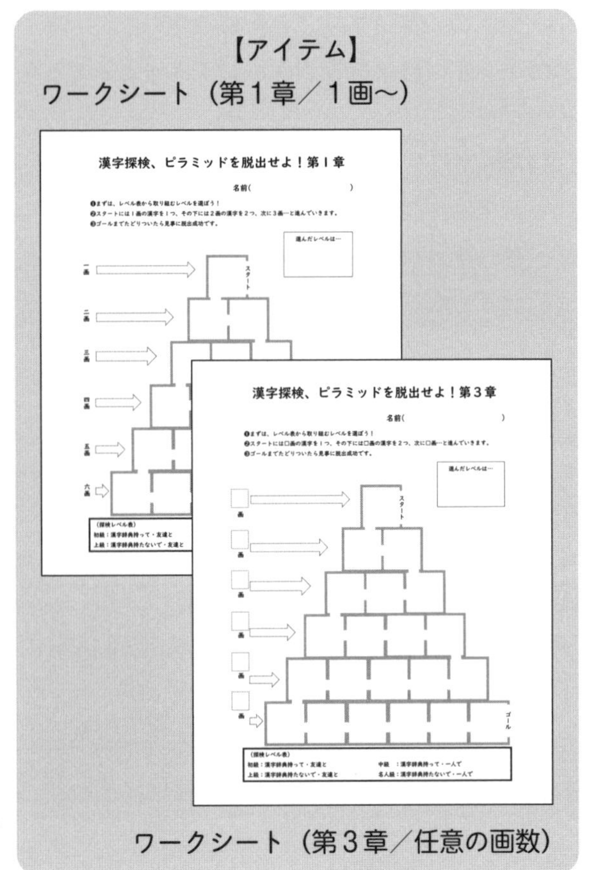

ワークシート（第３章／任意の画数）

対象：中・高　時間：15分　準備：トランプ程度の大きさの画用紙，国語辞典

「持ってる漢字はなんだろな？」漢字ゲーム

ゲームの紹介

漢字に親しむことはもちろん，話す・聞くことのトレーニングにもなる漢字カードゲームです。自分が引いた漢字を友達からのヒントをもとに当てていくゲームです。グループで制限時間内に何ポイント獲得できるかを競います。

進め方

①４人１組で行います。トランプ程の大きさに切った画用紙を１人に５枚ずつ配り，好きな漢字を書かせます。教科書巻末の配当表から「○年生の漢字」と指定しても OK です。

②「いま書いた漢字カードを集めて，山にします。漢字が見えないように置きます」

③「１人目の人はカードを１枚引いてみんなにだけ見えるように持ちます。自分では見てはいけません」

④「同じグループの友達は，カードを持っている人が何の漢字を引いたか分かるように順番にヒントを出します。１人ヒントを出すごとに予想を発表します。正解したら１ポイント，３人目のヒントで不正解の場合，ポイントは獲得できません。これを時間がくるまで繰り返します」

理解が難しい場合は，一文字を例にして全員でやり方を確認します。

〈ヒントの例〉「海」を引いた場合
(１人目)それは，広くて大きい場所だよ！
→庭！　×
(２人目）夏に大人気の場所だね。
→山！　×
(３人目）水はしょっぱいよ！
→海か！　◎　１ポイント

〈ヒントの例〉「字」を引いた場合
(１人目）丁寧に書くと褒められるね！
→文！　×
(２人目）文をさらに分けると！
→行？　×
(３人目）行をさらに分けると！
→言！　×　ポイント獲得ならず……

⑤制限時間（７分程度）内にたくさんのポイントを獲得したグループの勝利です。

対象：中・高　時間：30分　準備：ワークシート

漢字間違い探し

アイテム＆ゲームの紹介

文章の中にわざと間違い漢字を忍ばせておき，それを互いに見つけ合う漢字作文ゲームです。間違いの数に応じてポイントを設定します。長すぎない文章を書かせることがポイントです。漢字の誤答を考えることが正確な漢字を覚えることにつながります。

進め方

①「漢字間違い探しをします。今から100字で今週楽しかったことを書いてもらいます。その中にレベルに応じて，間違い漢字を忍ばせておきます」
レベルは次の通りです。

- １文字間違い……入門コース
- ２文字間違い……初級コース
- ３文字間違い……中級コース
- ４文字間違い……上級コース
- ５文字間違い……達人コース

②「まずは，問題を作ります。100文字漢字日記を書きましょう」
③「書いた文章を読み合います。おとなりの人とワークシートを交換し，１分以内に間違いをすべて見つけることができたらミッション成功です」
④「次に，ワークシートを机の上に置いて立ちます。制限時間内に何人の間違いを見破ることができるか。挑戦します」
（５分程度時間をとる）

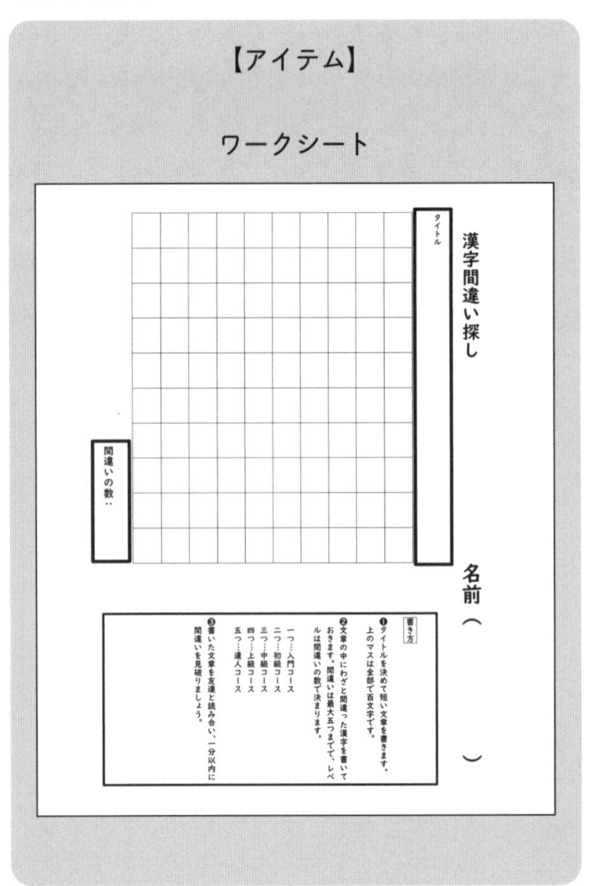

対象：中・高　時間：10分　準備：ワークシート

10 クラスを漢字一文字で表すと？

アイテム＆ゲームの紹介

今月の学級を漢字一文字で表すと，どんな文字になるかを書いて共有します。友達がクラスをどのように考えているかが分かります。同じ漢字を書いた人でも理由がちがうと新たな発見が生まれることがあります。月の終わりや学期の終わりにおすすめの実践です。漢字を使って学級への参画意識を高めます。一文字なので抵抗なくみんなが書くことができます。

進め方

①「このクラスを漢字一文字で表すと，何か？　ワークシートの左上に大きく丁寧に書きます。書けたら理由も書いておきます」
　ワークシートを使って丁寧に書かせていきます。

②「選んだ漢字とその理由を友達と伝え合います。同じ漢字を選んだ友達がいたら左下に書いておきます」

③「友達と伝え合った感想を発表します」

④「最後に『これからこんなクラスにしていきたい！』の部分を書きます。これも，書けたら友達と交流します」

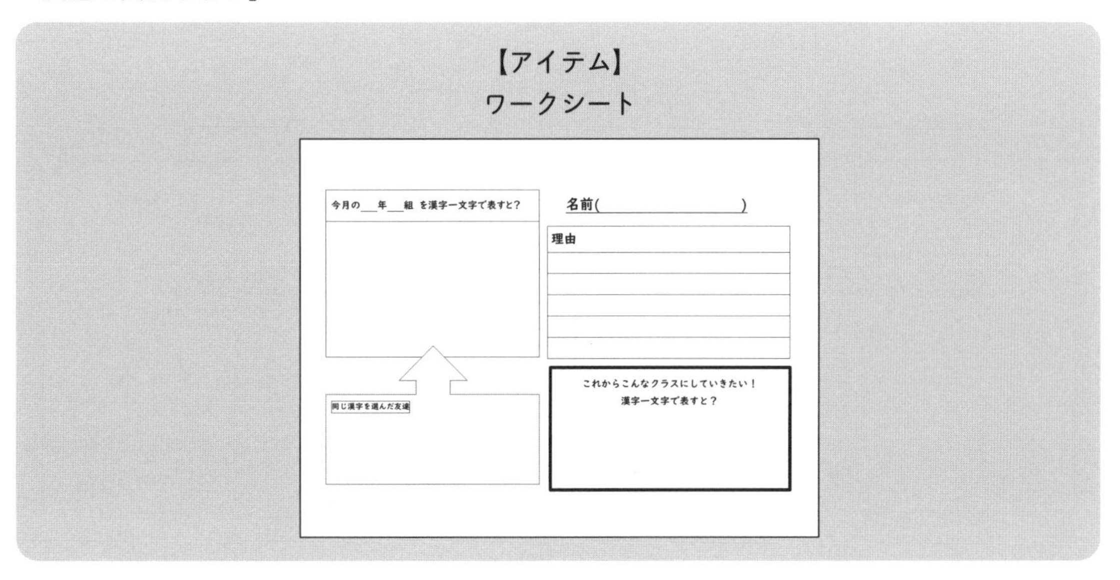
【アイテム】
ワークシート

今月の＿＿年＿＿組 を漢字一文字で表すと？

名前(　　　　　　　　　)

理由

同じ漢字を選んだ友達

これからこんなクラスにしていきたい！
漢字一文字で表すと？

対象：中・高　時間：20分　準備：ワークシート，漢字辞典

11 同じ読み方の別の漢字を探せ！

アイテム＆ゲームの紹介

同音異義語をたくさん集めるゲームです。読み方を10種類選ばせ，友達と協力してたくさん探させます。どういう読み方の漢字がたくさんあるのか気づくことができます。活動の最後に，自分たちで見つけた言葉の他にどのような言葉があるか，漢字辞典を使って確認させます。実態によっては，はじめから漢字辞典を使ってもよいなどとルールを変更して行ってください。

進め方

①（「工場」「向上」と黒板に書いて）「読める人？（「コウジョウ」）その通り。このように同じ読み方をする別の漢字集めをします。１つにつき１点です。先生はいま『コウジョウ』を２つ書いたので２点獲得です。『治す』と『直す』のように訓読みをする漢字でも OK です」

②「おとなりの人と協力して，たくさん見つけましょう。時間は10分です」

③（10分程度時間をとったら）「何点取れたか計算します。（計算が終わったら）点数を確認します。……今日の１位はＡさんとＢさんでした！　拍手！　たくさん漢字の種類がある読みを発表してください」

④「辞書を見て，自分たちが探せた以外の漢字はないか確認しましょう」

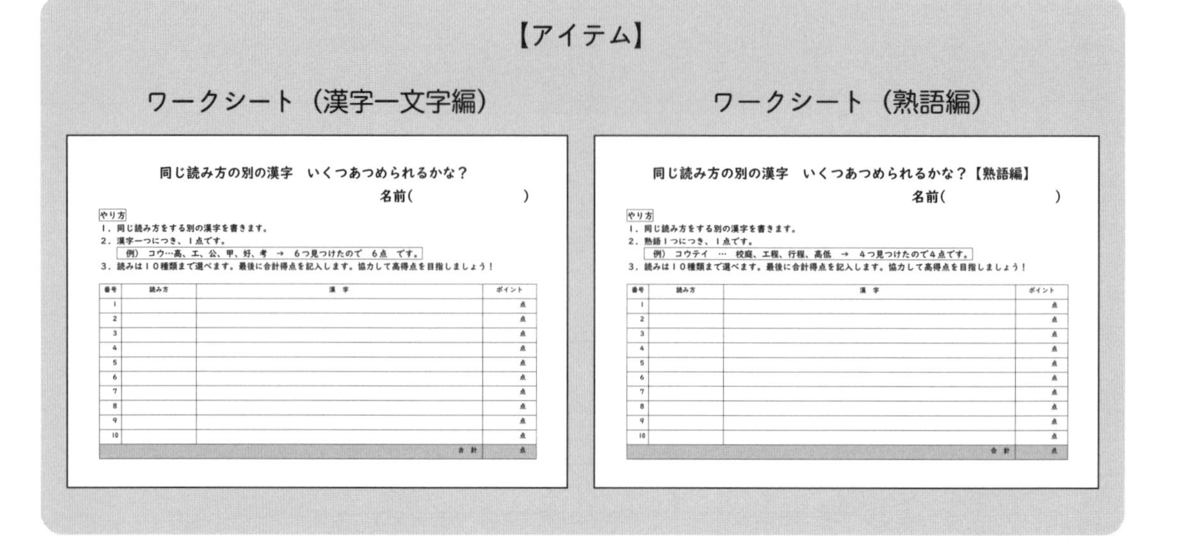

【アイテム】

ワークシート（漢字一文字編）

同じ読み方の別の漢字　いくつあつめられるかな？

名前（　　　　　　　）

やり方

１．同じ読み方をする別の漢字を書きます。

２．漢字一つにつき、１点です。

例）コウ…高、工、公、甲、好、考　→　６つ見つけたので　６点　です。

３．読みは１０種類まで選べます。最後に合計得点を記入します。協力して高得点を目指しましょう！

番号	読み方	漢　字	ポイント
1			点
2			点
3			点
4			点
5			点
6			点
7			点
8			点
9			点
10			点
		合　計	点

ワークシート（熟語編）

同じ読み方の別の漢字　いくつあつめられるかな？【熟語編】

名前（　　　　　　　）

やり方

１．同じ読み方をする別の漢字を書きます。

２．熟語１つにつき、１点です。

例）コウテイ　…　校庭、工程、行程、高低　→　４つ見つけたので４点です。

３．読みは１０種類まで選べます。最後に合計得点を記入します。協力して高得点を目指しましょう！

番号	読み方	漢　字	ポイント
1			点
2			点
3			点
4			点
5			点
6			点
7			点
8			点
9			点
10			点
		合　計	点

対象：中・高　時間：20分　準備：Ａ４程度の紙

12 漢字ゴロゴロ語呂合わせ

ゲームの紹介

漢字の覚え方を語呂合わせで考えて伝え合うゲームです。覚え方の一つのレパートリーとして取り入れると「これ覚えやすい！」という子が出てきます。自分で作った語呂合わせを発表し「この漢字なーんだ？」とクイズを出題することもできます。

進め方

①「漢字の語呂合わせを考えます。“角が刀でできた牛がいた！”何の漢字？　正解は，“解”です。“解”の右下を“午”にしてしまう間違いが多いです。牛をイメージして覚えるとよいです」

②「このように間違いやすい漢字の語呂合わせを考えるゲームです。解の他にも様々考えられます」（黒板で例示する）

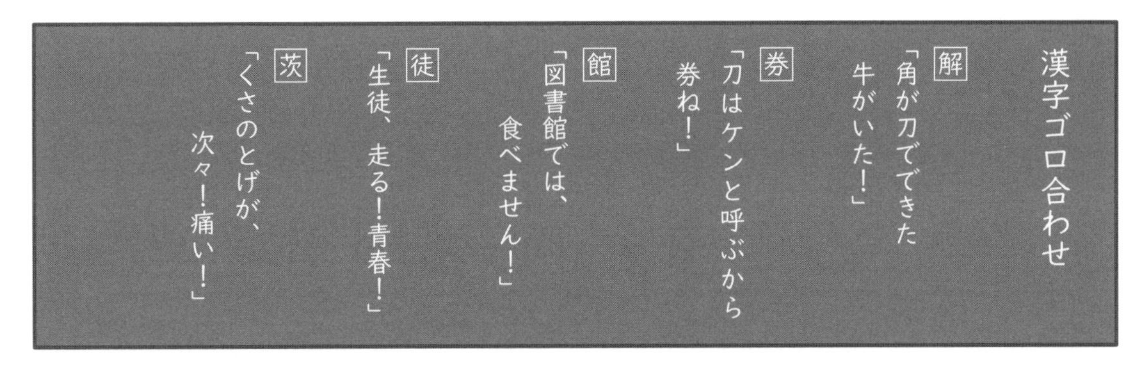

③「語呂合わせを作ってみましょう。たくさん作ってみるのが肝心です」

④「できた中からとっておきの語呂合わせを紙に書きます」

洗
先に水で、
洗っとくね！

群
羊はぐんぐん
群れる！

喜と善
吉が出て喜ぶ
羊が善いこと
する

拾
自分に合った
ものを拾う

⑤書いた語呂合わせは教室に掲示したり，通信で紹介したりします。

対象：中・高　時間：15分　準備：ワークシート

13 まぜまぜ二字熟語

アイテム＆ゲームの紹介

二文字の熟語を足し算して新たな二文字を生み出すゲームです。□○＋△×=□△のように式で表していきます。１つの式からどれだけ新たな熟語を生み出すことができるか考えます。漢字と漢字の組み合わせで熟語が構成されていることを実感を伴って理解することができます。

進め方

①「熟語の足し算です。学校＋大人=□□どんな新しい熟語が生まれますか？（「大学」）では，学校＋入門=□□ではどうですか？（「校門」「入学」……）」

１つの式でたくさんの答えができる問題がよい問題だということを押さえます。

②「このように熟語と熟語を組み合わせて新たな熟語を作るのが“まぜまぜ二字熟語”です。さっそく，作ってみましょう」

③「自分で３問作ってみて，新たな熟語がいくつできたか数えます。１つにつき１ポイントです。ワークシートに記録しておきます」

④「多くのポイントを獲得することができた組み合わせを発表します」

お手本となる問題は答えを隠して黒板に書いてもらいます。

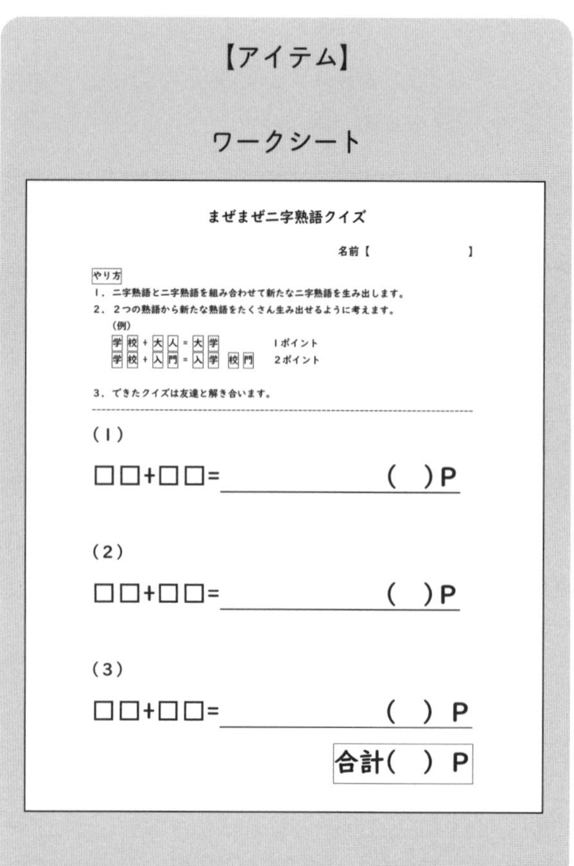
【アイテム】

ワークシート

まぜまぜ二字熟語クイズ

名前【　　　　　　】

やり方

1．二字熟語と二字熟語を組み合わせて新たな二字熟語を生み出します。

2．２つの熟語から新たな熟語をたくさん生み出せるように考えます。

（例）

学校＋大人＝大学　１ポイント

学校＋入門＝入学　校門　２ポイント

3．できたクイズは友達と解き合います。

（1）

□□+□□=＿＿＿＿＿（　）P

（2）

□□+□□=＿＿＿＿＿（　）P

（3）

□□+□□=＿＿＿＿＿（　）P

合計（　）P

対象：中・高　時間：15分　準備：ノート

14 足したり引いたり漢字画数計算大会

ゲームの紹介

漢字の画数の足し算，引き算をするゲームです。漢字を部分と部分の組み合わせとして見る力が高まります。

進め方

①「漢字画数計算大会です」（以下のように黒板で問題の例を示す）

②「小に一画足すと？（「少」），力に三画？（「加」），引き算もできますね。太から一画引いて？（「大」）……このように漢字に画数を足したり引いたりして別の漢字を作ります」

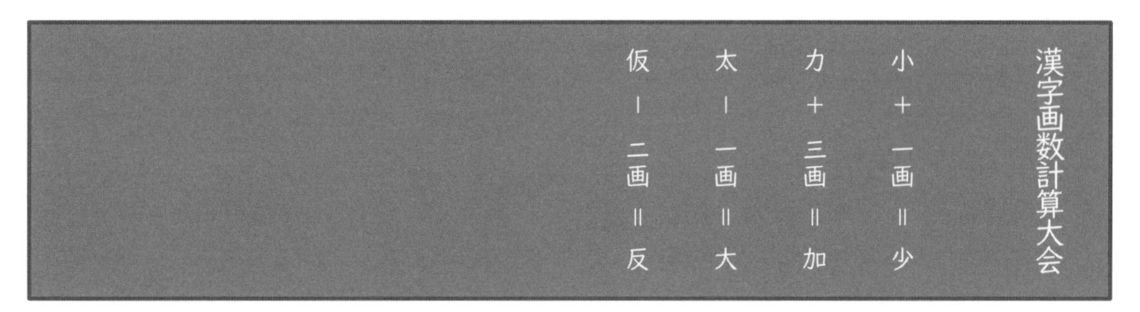

③「画数問題を発表します。３問作れた人は黒板に書きにきます。名前も書きます」

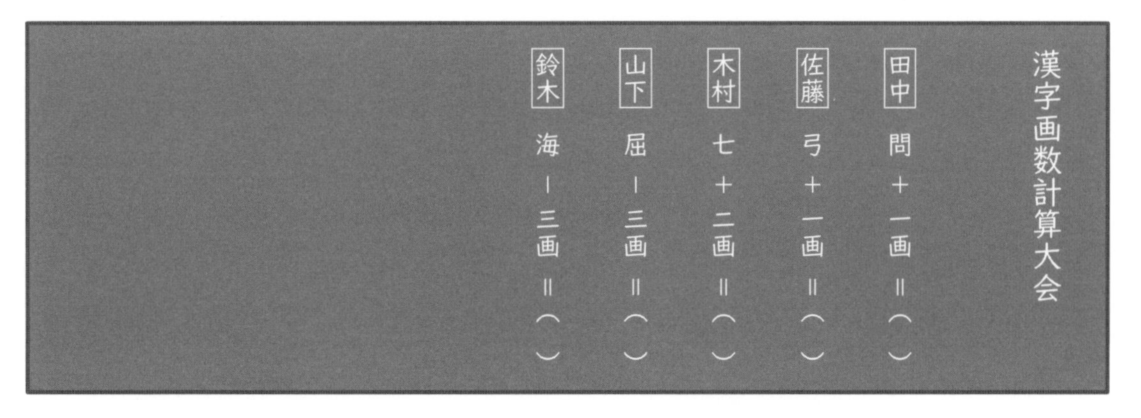

④「友達の問題を解きます。ノートには名前と問題の答えを書きます。何人の問題が解けるでしょうか。全問制覇に挑戦しましょう」

対象：中・高　時間：５分　準備：画用紙４分割程度の大きさの紙（文字が透けないもの）

15 漢字スリーヒントクイズ

ゲームの紹介

自分が選んだ漢字を使ってスリーヒントクイズを作ります。ヒントを考えることでその漢字に関連する言葉を自然と想起させます。語彙を豊かにするために継続して取り組むことをおすすめします。１回の活動は１問か２問程度で行うのがよいです。

進め方

①「漢字スリーヒントクイズを作ります。自分が選んだ漢字を３つのヒントを使ってクイズにします。答えが１つに絞られるようにヒントを３つ考えます」
②「自分が選んだ漢字が“海”だとして３つのヒントを考えます。発表できる人？」
全体で例示をします。

〈ヒントの例〉
１　さんずいがつきます。
２　夏にそこで泳ぐと気持ちがいいです。
３　そこの水はしょっぱいです。　（正解は海）

③「まずは漢字一字をカードに書いて，スリーヒントを考えます」
スリーヒントは漢字の裏に書いておくように指示します。
④「考えたクイズをおとなり同士で出し合います」
隣同士で出題したら，教室を自由に動き回ってクイズを出していきます。「何人に問題を出したか」や「何人の問題に正解することができたか」を記録させます。
⑤はじめは，「山」「川」「上」等の簡単な文字からスタートし，徐々に難しい漢字へと移行していきます。出題するクイズは以下のように制限を加えることもできます。
・〇画の漢字から出題する
・10画以上の漢字から出題する
・ヒントに部首を入れてはいけない　等

対象：中・高　時間：20分　準備：ワークシート

16 みんなで作ろう漢字画数迷路

アイテム＆ゲームの紹介

漢字の画数を使った迷路を作ってお互いに解き合います。迷路を作る動機づけが自然と漢字を書くことにつながります。「〇〇さん迷路」として，子どもを活躍させることもできます。

進め方

①「漢字画数迷路を作ります。同じ画数の漢字を通ってスタートからゴールまで進みます」

②「決めた画数の漢字を通ってゴールまでの道を考えます。道ができたら，残りのマスを別の漢字で埋めます」（黒板で例示する）

③「このように，漢字迷路を作ります。質問はありますか？　それでは，始めます」

〈例〉　五画の漢字を通る迷路の場合

残りのマスを下図のように別の画数の漢字で埋めると，迷路の完成です。

			立	白	スタート
		礼	平		
		目			
		右			
ゴール	由	兄	出		

↓

	五	三	川	立	白	スタート
	上	令	礼	平	力
	何	気	目	来	子
	社	理	右	地	言
ゴール	由	兄	出	雪	夏

④（完成したら）「作った迷路をお互いにやってみましょう！」

【アイテム】

ワークシート

作って楽しむ　漢字画数迷路

名前【　　　　　　　　】

作り方

1．問題にする漢字の画数を決めます。
2．スタートのマスにその画数の漢字を書きます。
3．同じ画数のマスを通ってゴールまで進めるよう漢字を書いていきます。
4．残りのマスには、それ以外の画数の漢字を書きます。
5．書けたら問題を解き合います。

例：５画を通っていく問題

五	三	川	立	白
上	令	礼	平	力
何	気	目	来	子
社	理	右	地	言
由	兄	出	雪	夏

スタートから□画の漢字を通ってゴールをめざせ！

対象：中・高　時間：25分　準備：ワークシート，漢字辞典

17 間違いを防げ！漢字送り仮名クイズ

アイテム＆ゲームの紹介

漢字の送り仮名をクイズ形式で覚えるゲームです。２択の問題を作って解き合うことで，楽しみながら学習できます。自分で誤答を考えることで間違いを防ぐことができます。

進め方

①「正しい送り仮名，どっち？」
　右のように３問程度黒板に書きます。

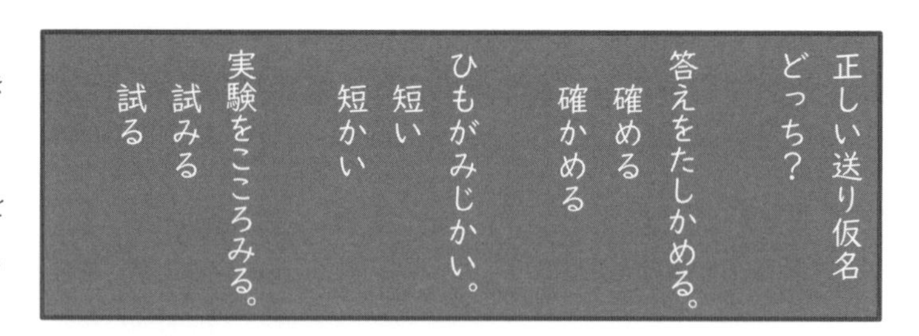

②「ワークシートを使って問題を作ります。問題の答えは裏にうすく書いておきましょう」
③（書き終えたら）「問題を解き合います。自分が書いたワークシートを机の上に置いて立ちます。友達の問題をたくさん解いて送り仮名をマスターしましょう」
（問題を解く時間をとる）
④「たくさん問題が解けましたね。送り仮名に気をつけて漢字を覚えていきましょう」

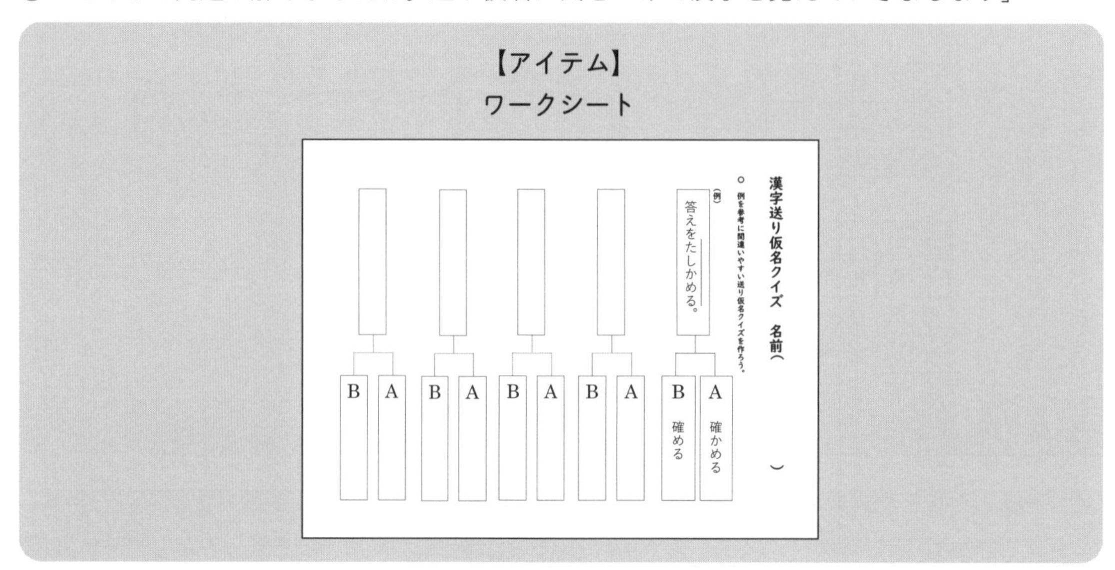
【アイテム】
ワークシート

漢字送り仮名クイズ　名前（　　　）
○ 例を参考に間違いやすい送り仮名クイズを作ろう。
（例）答えをたしかめる。
A 確かめる
B 確める
A
B
A
B
A
B
A
B

対象：高　時間：25分　準備：名刺サイズの紙，漢字辞典

18 音訓両方作文

ゲームの紹介

一文の中に漢字の音読み，訓読みの両方を入れて作文するゲームです。漢字カードをトランプのように重ねて，引いた文字で音と訓と両方を入れた文が書けたらOKです。2対2で協力してたくさん文を書いていきます。

進め方

①「漢字辞典から音読みと訓読みの両方がある漢字を探します。カードに1つずつ書いていきます。（漢字が書けたら）カードを重ねておきます」

②「引いた漢字カードで，音読みと訓読みを使って文を作れたら1ポイントです」

以下のように例を示します。

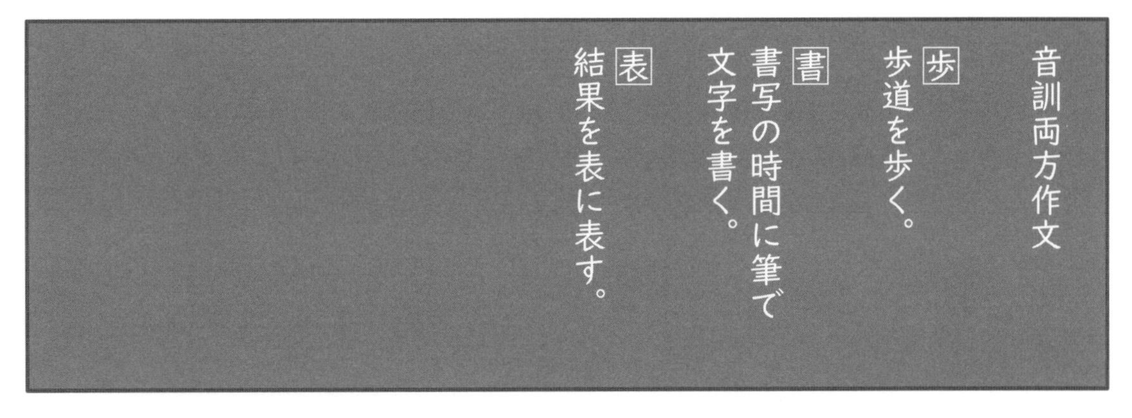

③「カードをトランプのように山にして順番に引きます。出た漢字で音訓両方作文ができたら1ポイントです。班で教え合ってもよいこととします」

④「獲得ポイントを数えます」

⑤「特に上手にできたと考える作文を発表してください」

対象：高　時間：20分　準備：ワークシート

19 反対熟語，似た意味熟語 どっちが多い？

アイテム＆ゲームの紹介

「強弱」「高低」といった反対の意味の漢字で構成された熟語，「豊富」「増加」といった似た意味の漢字で構成された熟語を集めるゲームです。ワークシートを活用して集めた数を可視化し，ためていきます。

進め方

①「強いの反対は？（「弱い」）ですね。二字熟語で表せる人？（「強弱」）高いの反対は？（「低い」）ですね。二字熟語で表します。分かる人？（「高低」）反対の意味の組み合わせの二字熟語です」

②「『増加』，これは同じ意味を表す二字熟語です。どちらも増える意味の漢字を組み合わせた二字熟語です。似た意味を組み合わせた二字熟語と言えます」

③「反対の組み合わせ，似た意味の組み合わせ。どちらが多く集められるか勝負します」

④「似た意味を集める人，反対の意味を集める人に分かれて班で競います」

４人班なら２対２で分かれます。

⑤「１つ１ポイントとしてカウントします」

クラスを半分に分けて，似た意味を探す人，反対の意味を探す人とチーム分けをしても楽しむことができます。

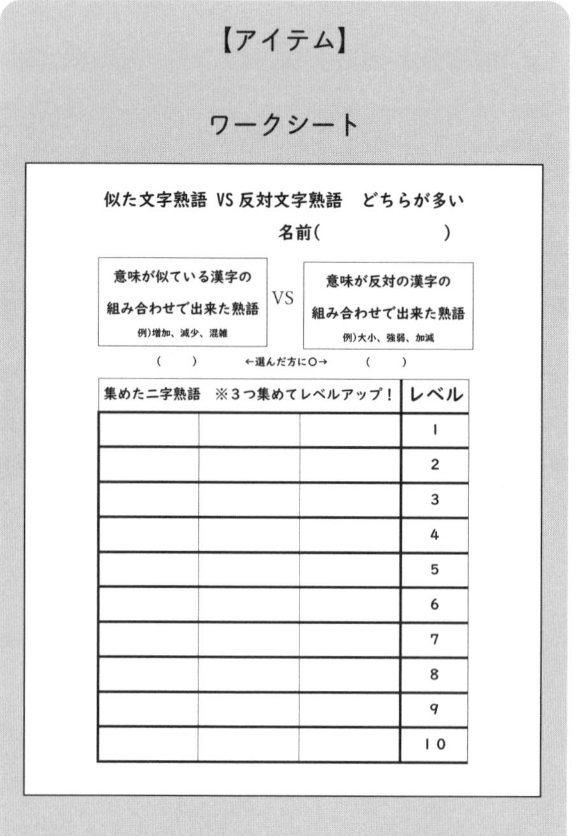

【アイテム】

ワークシート

似た文字熟語 VS 反対文字熟語　どちらが多い

名前(　　　　　　　)

意味が似ている漢字の組み合わせで出来た熟語
例)増加、減少、混雑

VS

意味が反対の漢字の組み合わせで出来た熟語
例)大小、強弱、加減

(　　)　←選んだ方に○→　(　　)

集めた二字熟語　※３つ集めてレベルアップ！			レベル
			1
			2
			3
			4
			5
			6
			7
			8
			9
			10

参考文献

ロジェ・カイヨワ著，多田道太郎・塚崎幹夫訳『遊びと人間』（1990）講談社
向山洋一編，師尾喜代子著『苦手な「作文」がミルミルうまくなる本』（1997）ＰＨＰ研究所
向山洋一『教え方のプロ・向山洋一全集６　文学教材・知的発問の授業』（1999）明治図書出版
向山洋一編，師尾喜代子著『小学校の「作文」を26のスキルで完全克服』（2007）PHP 研究所
今村久二編著『文を書きたくなることば遊び』（2007）東洋館出版社
藤田慶三編著『ことば遊びで語彙を豊かにする』（2007）東洋館出版社
菊池省三編著，中雄紀之・神吉満著『最強のクラスをつくる！　対話指導プロの技　３，４年編』（2012）明治図書出版
菊池省三『菊池省三の「話し合い」指導術』（2012）小学館
村野聡『書く力がぐんぐん伸びる！ピックアップ式作文指導レシピ33』（2014）明治図書出版
樋口万太郎・佐藤司『「あそび＋学び」で，楽しく深く学べる 国語アクティビティ200』（2020）フォーラムＡ企画
三好真史『読み書きが得意になる！対話力がアップする！国語あそび101』（2020）学陽書房
三好真史「いつ取り入れる？どう活動する？国語あそび Q&A」『教育科学国語教育2024年３月号』（2024）明治図書出版
遠藤清将「フィクションで自己紹介」『教育科学国語教育2024年３月号』（2024）明治図書出版

【著者紹介】
八巻　哲也（やまき　てつや）
1986年，埼玉県生まれ。
埼玉県公立小学校教諭。
国語科を中心に，ゲームや遊びの要素をどのように授業に取り入れていくかを追求。楽しい授業づくり＆楽しい学級づくりを目指している。

国語科授業サポートBOOKS
教師１年目から使える！
国語授業アイテム＆ゲーム100

2025年２月初版第１刷刊　©著　者　八　巻　哲　也
発行者　藤　原　光　政
発行所　明治図書出版株式会社
http://www.meijitosho.co.jp
(企画)木山麻衣子 (校正)丹治梨奈
〒114-0023　東京都北区滝野川7-46-1
振替00160-5-151318　電話03(5907)6702
ご注文窓口　電話03(5907)6668
＊検印省略　組版所　朝日メディアインターナショナル株式会社

Printed in Japan　ISBN978-4-18-477821-4